AF360769

# LE

# COMTE DE FALLOUX

### ET

## SES MÉMOIRES

IMPRIMERIE DE D. DUMOULIN ET Cⁱᵉ

RUE DES GRANDS-AUGUSTINS, 5, A PARIS

# LE

# COMTE DE FALLOUX

ET

## SES MÉMOIRES

PAR

## EUGÈNE VEUILLOT

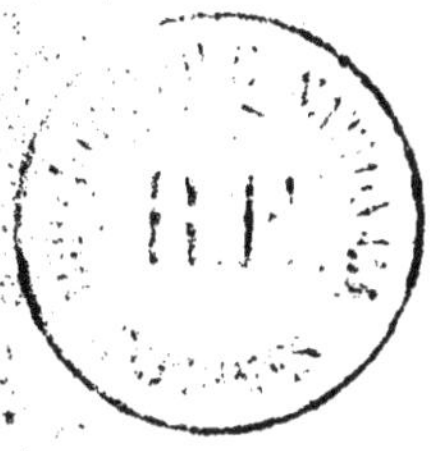

PARIS

**SOCIÉTÉ GÉNÉRALE DE LIBRAIRIE CATHOLIQUE**

**V. PALMÉ, DIRECTEUR GÉNÉRAL, RUE DES S.-PÈRES, 76**

| BRUXELLES | GENÈVE |
|---|---|
| SOCIÉTÉ BELGE DE LIBRAIRIE | HENRI TREMBLEY |
| VANDENBROECK, Directeur | LIBRAIRE-ÉDITEUR |
| Rue Treurenberg, 8 | Rue Corraterie, 4 |

1888

# INTRODUCTION

Lorsque le comte de Falloux mourut, je fis sur son œuvre et son caractère un article où, sans trahir la vérité, je donnais à l'éloge et à la charité si large part, que bon nombre de catholiques me le reprochèrent. — Il est bien de baisser le fer, me disaient-ils, si l'on n'a que des injures personnelles à venger, mais quand celui qui disparaît a été l'homme d'une école dangereuse, quand il a faussé les faits et les doctrines, quand il laisse des écrits et des disciples, c'est un tort de ne pas rappeler sans réticence tout le mal dont il répond.

Je ne me défends ni ne me repens d'avoir eu ce tort-là. J'avais tant combattu M. de Falloux vivant, et j'étais si disposé à croire qu'avant de mourir il s'était avoué, non pas ses fautes, ses erreurs et ses vilains calculs, mais, au moins, l'impuissance de ses efforts, que je craignais d'être trop sévère en faisant de lui pleine justice. Il me semblait que ce serait frapper un vaincu et peut-être un repentant.

Sans doute, il avait laissé des Mémoires, et d'après le principal organe de son école et de son groupe, le *Figaro*, il s'y vengeait de ses ennemis et surtout de ses déceptions. Fallait-il prendre à la lettre ce propos ? Ne convenait-il pas, au contraire, d'espérer que le comte de Falloux, éclairé par l'âge, la maladie, les deuils, la ruine de ses espérances politiques, l'avortement de toutes ses ruses, n'aurait rien voulu laisser derrière lui qui ne fût digne d'un chrétien ? Et, d'ailleurs, s'il y avait trop de naïveté dans cette attente, ne serait-il pas toujours temps d'opposer le vrai au faux ?

Il en a été ainsi. Les *Mémoires d'un royaliste* ont paru. « C'est une œuvre de mauvaise foi, » ai-je écrit tout de suite, après les avoir parcourus. Ce jugement, contre lequel on s'est d'abord élevé, j'en ai fourni les preuves, et devant elles les amis de M. de Falloux ont usé de l'équivoque ou se sont tus. J'ai fait justice des équivoques, et je prends acte du silence comme on prend acte d'un aveu.

En commençant ce travail, je voulais m'en tenir à peu près uniquement à ce qui touchait l'*Univers* et Louis Veuillot. Mais j'ai vite reconnu que pour bien réfuter M. de Falloux, pour bien mettre en évidence sa duplicité, pour bien montrer le danger de ses doctrines, il fallait étudier toute sa vie politique et faire l'histoire des questions qu'il avait faussées. Si ce n'était pas entreprendre l'histoire même du parti catholique et un peu celle du parti royaliste de 1846 à 1873, c'était en préparer sur divers points les matériaux. Il en est résulté qu'au lieu d'écrire seulement, selon mon premier projet, quatre ou cinq articles de longueur raisonnable, j'ai écrit tout un volume. Les amis de M. de Falloux m'y ont aidé en me forçant, par de maladroits essais de défense et de discourtoises réclamations, à développer ce qu'il m'avait d'abord paru suffisant d'indiquer.

Nos adversaires, quelques neutres et de bonnes âmes si amoureuses de la paix qu'elles donnent toujours tort à celui qui se défend, car il suffirait qu'il laissât le champ libre à l'erreur pour qu'il n'y eût pas guerre, m'ont reproché de m'être bien longuement occupé des *Mémoires d'un royaliste*, l'œuvre d'un mort, et d'y avoir mis excès de sévérité. Peut-être, en effet, ai-je été trop long, mais je suis sûr de n'avoir pas été trop sévère. Quant à l'objection de la mort, c'est faire, hors de propos et sans justice, du sentiment.

Si M. de Falloux est mort et si la plupart de ses

écrits avaient cessé de vivre avant lui, ses Mémoires restent, et son « école », bien que malade et déconsidérée, s'agite encore. J'en pourrais donner diverses preuves ; mais celles que fournissent les *Mémoires d'un royaliste* et le parti qu'on a voulu en tirer me suffisent. En défendant, avec documents à l'appui, Louis Veuillot, son œuvre, ses doctrines, ses amis, le comte de Chambord et Pie IX, j'ai servi la justice et l'histoire. Il y a maintenant sur le livre posthume de M. de Falloux des ratures qui resteront. Je n'admets pas que ces ratures soient entachées d'extrême dureté. Je tiens en cette matière, comme en beaucoup d'autres, pour les classiques, et Boileau appelant Rolet un fripon me dit d'appeler l'auteur des *Mémoires d'un royaliste* un fourbe. Du reste, je n'ai pas attendu que cet adversaire fût mort pour le traiter selon ses œuvres. Par exemple, voici ce que je dus lui dire dans l'*Univers* du 6 décembre 1883 :

« M. de Falloux vient de publier un long article anonyme sur la *Correspondance de Louis Veuillot*. Naturellement cet article est déloyal : *lingua fallax*. Le mot est vieux, mais les choses vieilles qui restent vraies restent bonnes, et ce mot est ici d'une vérité absolue. La déloyauté et M. de Falloux sont, en effet, tellement unis, qu'on ne peut avoir affaire à celui-ci sans rencontrer celle-là. Il nous le prouve de nouveau, d'abord en se réservant de renier l'article qu'il a dicté, puis en reproduisant de vipérines allusions vingt fois réfutées.

« Non seulement il n'étudie pas la *Correspondance de Louis Veuillot* en elle-même, mais il ne tient compte ni des faits racontés, ni des dates, ni des circonstances, ni des personnes auxquelles les lettres sont adressées; s'il parle de l'œuvre littéraire, c'est à la hâte, sans y attacher d'importance, et seulement pour se conformer aux exigences du sujet; il ne cherche pas même à montrer, dans cette correspondance intime, tout l'homme. Les vues d'ensemble échappent à ce sectaire sans doctrine. Son travail consiste à prendre çà et là quelques phrases, quelques mots qui, séparés de l'ensemble et méchamment commentés, peuvent prêter à l'argutie, à l'injure, à la calomnie. Tel a toujours été le caractère des polémiques de M. de Falloux. D'autres combattent les idées ; lui, il veut abaisser l'adversaire. Connaissant les écrivains qu'il patronne et se connaissant lui-même, il ne peut croire que l'on serve une cause par principe et par amour. Il voit partout des ambitions person-

nelles, des calculs méprisables. C'est une infirmité de nature. Nul ne cache mieux sous une affec-
tation de calme, sous un certain bonheur d'attitude, des sentiments étroits et bas. »

Dans mes récents articles je n'ai rien dit de
plus quant à la polémique de M. de Falloux ;
seulement, j'ai joint aux affirmations nombre de
faits authentiques et de documents autorisés. Le
tout constitue un jugement motivé contre lequel
aucun appel sérieux n'est possible.

Plus loin, je signalais l'esprit « venimeux et salissant » de cet adversaire, puis j'ajoutais :

« M. de Falloux sait sur quels points et dans quel
but nous avons combattu la loi de 1850. A-t-il
perdu tout souvenir de la démarche intéressée et
déférente qu'il fit près de Louis Veuillot pour obtenir, à défaut de son appui, sa neutralité ? Il sait
enfin que de tous les journaux catholiques publiés
sous l'Empire, aucun n'a été plus indépendant
ni plus persécuté que l'*Univers*. Son passage
aux affaires et les positions officielles occupées à
diverses époques par divers de ses amis lui ont
permis de fouiller dans bien des cartons, de consulter bien des papiers. Et comme il est l'homme
des moyens inférieurs, il l'a certainement fait. Il a

donc connu jusqu'en ces dernières années le dossier de l'*Univers*. Nous l'autorisons à dire ce qu'il y a vu. Et comme nous sommes larges, nous ne lui demandons pas de dire aussi ce qu'il a pu apprendre au même endroit, sur d'autres écrivains et d'autres journaux, ses compères sinon ses amis. Voilà qui doit le mettre à l'aise. »

Ce défi ne fut pas relevé, et j'en eus plus de regret que de surprise. J'avais à produire quelques pièces qui auraient offert de l'intérêt. Ces pièces ne sont pas perdues.

Dans ce même article je citais deux lettres de Louis Veuillot très méprisantes, mais d'un mépris mêlé de bonne humeur, pour « le Falloux ». Il y était accusé de calomnie et l'on y disait près de qui il avait calomnié. Il continua de se taire, n'osant soutenir et ne voulant pas retirer les propos taxés de mensonge. Cet incident, que j'ai oublié de conter dans le chapitre du « calomniateur », doit trouver place ici :

Un jour — en 1856 — M. de Falloux se présenta chez M<sup>gr</sup> de Ségur et lui dit : « Vous avez tort de rester l'ami de Veuillot; vous et les vôtres c'est de cœur que vous soutenez l'empereur; lui, tout en affectant de mêler des réserves à l'approbation, il le sert pour de l'argent; il est subventionné; j'en suis sûr. De plus, je puis vous prouver qu'il a offert ses services au comte de Chambord et qu'il eût été royaliste si le Roi avait voulu le payer. Tenez! j'ai là cette preuve, la voici. — Eh! s'écria le prélat avec son sourire aimable et volontiers narquois, je suis aveugle!— Si vous ne pouvez voir, vous pouvez entendre; écoutez. » Et le comte de Falloux lut, ou plutôt feignit de lire un papier quelconque. « Je connais trop bien Veuillot pour croire à votre papier, reprit M<sup>gr</sup> de Ségur; cependant laissez-le moi; je le montrerai à mon secrétaire, dont je suis sûr, ou à mon frère, et nous pourrons ensuite en causer. » Le comte de Falloux répondit qu'il ne pouvait se séparer de sa preuve, mais qu'il la soumettrait volontiers au frère ou au secrétaire du prélat. Rendez-vous fut pris : il n'y vint pas. M<sup>gr</sup> de Ségur ne se crut nullement tenu au silence, et d'autres que moi sont vivants à qui il a parlé.

Si M. de Falloux, comte, académicien, ancien député, ancien ministre, n'avait pas en d'autres circonstances répété ce tour de Scapin, j'aurais hésité à rapporter un pareil trait, craignant qu'on n'y pût croire. Mais presque à la même date il usait du même procédé contre M^{gr} Pie, le grand évêque de Poitiers, et plus tard, en 1871, il en usa contre le comte de Chambord.

Il ne se bornait pas à forger de telles histoires pour nier l'intégrité du rédacteur en chef de l'*Univers*, il en forgeait d'autres pour l'attaquer dans ses mœurs. Je le lui ai reproché en face par la publication d'une lettre que Louis Veuillot m'avait adressée du château des Nouettes le 14 juillet 1856, et dont voici un extrait :

« Il devient de plus en plus difficile de croire à la vertu de Falloux. Il a positivement dit à l'abbé de Ségur que je recevais de l'argent de l'empereur. Il le dit à d'autres, et il ajoute d'autres choses, par exemple, que j'ai mené et mène une vie scandaleuse, et que j'ai rempli Florence de mes débordements. Pourquoi Florence ? Voilà ce que l'on ne sait pas. Mais X... (un ami de M. de Falloux) assure que l'on ne peut entrer à Florence sans la trouver encore frémissante de mes scandales. Ne serait-ce pas toi, malheureux frère, qui m'aurait fait cette réputation ? Car enfin il y a dix-huit ans que j'ai passé deux jours à Florence, et le souvenir doit en être un peu affaibli ; et toi on t'y a vu il y a six ou sept ans. Tu n'y as passé que vingt-quatre heures. En faut-il davantage à un Veuillot pour effrayer une capitale ! »

Ces reproductions et les commentaires dont je les accompagnais prouvent assez que je n'ai pas attendu que M. de Falloux ne pût se défendre pour le juger. D'ailleurs je me serais tu antérieurement, que devant les *Mémoires d'un royaliste* j'aurais parlé comme je l'ai fait. Aussi n'est-ce pas pour atténuer ou expliquer mes articles que j'insiste sur ce point; c'est pour les affirmer.

Naturellement, M. de Falloux n'aimait pas qu'on l'accusât de déloyauté; mais il lui plaisait assez d'entendre dire qu'il poussait la dextérité très loin. Ce sentiment perce dans ses Mémoires. Il y rapporte que l'abbé de Bonnechose recommandait à l'abbé Bautain de le tenir en défiance : « Défiez-vous de la sirène ! » et c'est également avec complaisance qu'il montre Jules Favre lui glissant un jour dans l'oreille cette gracieuseté qu'il se défendit modestement d'accepter : « On dit que je suis le plus perfide de l'Assemblée, mais à vous le pompon ! » Il ne fut, d'ailleurs, jamais assez habile pour déguiser qu'il l'était trop, et il y gagna bien des camouflets. D'autres hommes politiques de ce temps furent accusés de fausseté par leurs ennemis, lui, défenseur de l'autel et du trône, il le fut surtout par des catholiques et des royalistes. Je le rappelle en plusieurs endroits et cependant je n'ai pas épuisé mon dossier. Aussi cet homme qui avait de la fortune, presque de la naissance, une vie chrétienne, des dons variés et précieux, n'eut-il jamais la grande et enviable influence que donnent, même sur les adversaires et les ennemis, la sûreté de la parole et la loyauté des actes. Ses amis disaient : Il est bien habile; ses adversaires : Il est bien perfide; et, au total, sauf quelques séides, chacun le tenait en défiance. C'est pourquoi, malgré tout son mérite et son savoir faire, il ne put jamais passer au premier plan. Louis Veuillot, dans un article de janvier 1872, à propos d'une campagne de M. de Falloux contre le comte de Chambord, a marqué en quelques lignes cette situation :

« Nul homme né en beau chemin n'eut davantage la facilité de marcher vite et noblement. Il a de l'esprit, du courage, une parole fine et claire; il écrit très bien lorsqu'il s'y met, et il a le moyen de ne pas improviser. Il sait prendre son temps; il est engageant et persévérant; il est riche. Ce que la nature lui refuse, il l'obtient par artifice et patience. Avant d'être, il eut des prôneurs; avant de savoir écrire, il fit des livres vantés ; les gens qui aiment que l'on se compromette l'applaudirent pour des œuvres qui ne le compromettaient pas ; il entra de bonne heure et comme chez lui dans la vie politique, sur le dos de ceux qu'il semblait pousser. Il discerna et mit en réserve des pierres roulantes dont il pourrait plus tard se faire des piédestaux. La fleur de lis lui servit de recommandation pour s'introduire chez l'aigle et de passeport pour aller au coq ; la croix ne lui nuisit point auprès de M. Thiers : et ce qui montre combien l'homme est fort, ni l'aigle, ni le coq, ni M. Thiers ne lui nuisirent beaucoup auprès de la fleur de lis et de la croix. Il sut monter avec agilité, descendre avec prudence, n'être nulle part, demeurer partout. Mais voici la merveille : tant de qualités naturelles et tant de qualités acquises, après vingt-cinq années d'exercice, n'ont su lui faire que la figure d'un intrigant. »

Cette figure d'intrigant, M. de Falloux la prit dès ses débuts dans la vie publique. Tandis que beaucoup de catholiques et de royalistes, tout en l'aidant à devenir député, représentant du peuple, ministre, doutaient de lui, les républicains refusaient de croire à ses protestations. J'ai reçu sur ce point, depuis que mes articles ont paru, une communication assez curieuse ; c'est un passage du rapport que M. Bordillon, chef du parti républicain en Anjou sous Louis-Philippe, et préfet de Maine-et-Loire après Février 1848, fit sur les élus de son département à l'Assemblée nationale. Voici les lignes relatives à M. de Falloux :

« Alfred de Falloux se dit, se croit noble : il n'en est rien. Sa très roturière famille était marchande il y a soixante ans à Angers.

« Souple et dextre intelligence, cet enfant gâté de la Congrégation est tout le savoir-faire, tout le savoir-vivre. Son élocution d'une facilité isocratique en fait un très disert, très brillant sophiste.

« Je doute fort qu'il ait aucuns grands succès à la Chambre. La foi manque à cette âme énervée par l'habileté. Il n'y a aucune grande passion qui l'inspire. C'est l'abbé Maury en paletot [1] ».

Le préfet Bordillon jugeait mal quant à l'avenir oratoire de M. de Falloux et l'on reconnaît le libéral d'autrefois à son mot sur la « Congrégation »,

---

1. Les amis de M. de Falloux, qui voudraient vérifier ce texte, pourront trouver le rapport tout entier aux Archives nationales, série F. C. III.

mais n'était-il pas dans le vrai en disant de l'élu de Maine-et-Loire : c'est un sophiste d'une mauvaise habileté ? Il lui arriva, d'ailleurs, de résumer par un mot plus familier et plus radical la pensée des républicains de la veille sur les déclarations de M. de Falloux comme républicain du lendemain. Je renvoie pour ce détail à l'appendice.

De même que toute publication d'une correspondance entraîne certains juges littéraires à rappeler les lettres de M^{me} de Sévigné, tout homme politique dont on publie les Mémoires fait parler de Saint-Simon. C'est de règle. On a donc cherché en quoi les Mémoires du comte de Falloux ressemblaient à ceux du terrible duc, car ils devaient nécessairement leur ressembler par quelque côté. Tel critique, croyant que l'ancien ministre de Louis-Napoléon était gentilhomme de la tête aux pieds et de tout temps, a découvert que malgré ses concessions calculées à l'esprit moderne il avait, comme Saint-Simon, les prétentions et les allures des vieilles races ; tel autre a trouvé que le comte, par son style, rappelait le duc. C'était confondre l'élégance et la recherche avec la force et l'originalité. On a dit aussi que tous deux avaient servi l'histoire de leur temps. C'est vrai pour Saint-Simon, sauf qu'il faut toujours le contrôler sur les faits et rarement le croire sur les personnes. Quant à M. de Falloux, ce n'est qu'un anecdotier, parfois aimable et plus ou moins véridique, souvent haineux et fourbe.

Cependant toute comparaison entre Saint-Simon et M. de Falloux n'est pas fausse. Tous deux ont écrit pour se grandir et se venger, tous deux ont beaucoup donné à la haine, et l'on peut croire que Louis Veuillot pressentait les Mémoires de celui-ci quand il jugeait en ces termes les Mémoires de celui-là :

« Si Saint-Simon est honnête homme, il l'est malhonnêtement. Envieux, hargneux, ingénieux à tout gâter.... Il se cache, il fabrique sa prétendue histoire en secret comme on fabrique la fausse monnaie... Il a cent fois plus besoin de déchirer les hommes que de combattre leurs erreurs... Il ne veut, il ne peut faire autre chose que mordre ; s'il n'a un homme sous la dent, il n'est capable de rien... Il a tout son génie, toute sa vengeance, toute sa vie dans un tiroir bien fermé. La postérité ouvrira le tiroir, et ses ennemis sans défense seront diffamés. Il vit cinquante ans avec cette pensée, à peine troublé de quelques scrupules stériles. C'est un méchant et une âme basse, et toute sa morgue de duc et pair est ignoblement chargée de rancunes de laquais.... »

Voilà pour Saint-Simon et son genre ; voici pour les imitateurs que Louis Veuillot soupçonnait :

« Notre époque de grandes jalousies et de petits courages lui fournira des émules. Se venger n'importe de quoi, n'importe comment, passe pour une force ; l'applaudissement, quelles que soient les mains, est reçu comme la gloire. Cela fera partir beaucoup de pauvres cerveaux aigris d'avoir été rétribués suivant leur juste valeur. Tout ce qui n'a pas su marcher fera des mémoires contre l'obstacle.

« Jadis on flétrissait l'auteur d'un outrage anonyme : par un progrès bien digne du temps, les honnêtes gens même ne craindront pas de se permettre des outrages posthumes. Ils diffameront ceux qui les auront tenus ou remis à leur petite place ; ils diront que leurs vainqueurs n'avaient ni probité, ni talent, ni courage ; et ils se consoleront ainsi fort mal d'avoir été très bien vaincus. Déjà plusieurs sont en besogne. Il en est que je plains : ils mêlaient à leur faiblesse et à leurs erreurs assez de qualités pour mériter l'oubli [1]. »

1. *Çà et Là*, II° volume, pages 437, 438, huitième édition.

Ce jugement date de 1859; M. de Falloux, lecteur assidu de Louis Veuillot, l'a donc connu. Il y a répondu en ajoutant quelques lignes de plus aux outrages posthumes qu'il avait en tiroir et dont il attendait sa vengeance.

Vous oubliez, me dira-t-on, que le comte de Falloux voulait publier lui-même ses Mémoires et que la mort seule l'a empêché de le faire. Je n'oublie pas qu'on a dit cela, mais je refuse d'y croire, et mon refus s'appuie sur des faits qui le justifient absolument.

Les *Mémoires d'un royaliste* s'arrêtent à 1873, et d'après l'Avertissement de l'éditeur, M. de Falloux les avait *achevés vers* 1880. Son œuvre était donc terminée depuis cinq ou six ans lorsqu'il est mort. S'il avait voulu la publier, il l'eût fait. Cela lui eût demandé tout au plus trois ou quatre mois. Or, des années se sont écoulées sans que le manuscrit sortît du tiroir. M. de Falloux, septuagénaire et malade, savait trop bien que l'avenir n'est à personne pour jouer ainsi avec le temps.

Non, il n'a pas voulu publier lui-même ses Mémoires. Qu'il l'ait dit, nous le croyons, puisque l'éditeur l'affirme, mais c'était là, de sa part, une dernière vanterie et une dernière tromperie. Si grande que fût son audace, jamais il ne songea, jamais il n'aurait pu songer à publier cette œuvre déloyale quand le comte de Chambord, Louis Veuillot et le cardinal Pie vivaient. Et même, après leur mort à tous trois, il continua de rester muet. Non, non, le comte de Falloux ne voulut pas répondre de son livre, et il en chargea sa mémoire pour n'en pas charger les dernières années de sa vie.

Si des questions personnelles, touchant, d'ailleurs, à des intérêts d'ordre général, occupent une assez grande place dans mon travail, il s'en faut de beaucoup qu'elles y dominent. Je m'y étends particulièrement sur les affaires de Rome, à l'époque où M. de Falloux fut ministre, et sur la loi de l'enseignement, dite loi de 1850. J'y montre aussi quels furent le rôle et l'action de l'auteur des Mémoires au double titre de royaliste parlementaire, contempteur du comte de Chambord, et de catholique libéral, fier de la *pleine défaveur* du Pape comme de la *pleine disgrâce* du Roi. Ce n'est pas M. de Falloux qui eût renié l'école du libéralisme impénitent! Il a, au contraire, partagé jusqu'à la fin cet avis de Montalembert : « Je dirais volontiers des entreprises engagées par les catholiques libéraux, depuis Chateaubriand jusqu'à nos jours, ce qu'on a dit des croisades : chacune prise en soi a échoué, mais toutes ont réussi. Une opinion catholique et libérale s'est fondée ; elle existe partout, elle grandit chaque jour un peu ; elle envisage avec fierté les luttes passées, avec fermeté les orages du présent, les efforts et les sacrifices que nous imposera l'avenir[1]. »

M. le marquis de Castellane a tort néanmoins de faire du comte de Falloux le chef de cette école, orgueilleuse et insidieuse, douce à l'erreur et toujours armée contre les catholiques qu'elle qualifiait d'intransigeants. Il en fut seulement le meneur sans scrupules et le fauteur passionné. Je l'ai montré au cours de ce volume ; j'en donne à l'appendice une preuve de plus, et j'y complète la physionomie du royaliste parlementaire. On y apprendra que M. de Falloux, sûr de la pureté de son intention, comptait sur ses erreurs elles-mêmes pour se faire ouvrir la porte du ciel.

On voit, par les Mémoires, que M. de Falloux les rédigea ou les revisa après que le comte de Chambord lui eut définitivement fermé sa porte.

---

1. Discours d'août 1863, à Malines.

Mais dans ces pages venimeuses nous n'entendons pas seulement le vindicatif qui se venge, nous entendons aussi le sectaire libéral qui n'a pu faire accepter ses doctrines. Le comte de Chambord voulait rentrer et régner en roi ; il voulait être le chef chrétien d'une nation chrétienne, qui, ayant besoin d'autorité, doit être gouvernée selon ce besoin et non d'après les théories et les pratiques du parlementarisme. M. de Falloux, dont l'esprit était foncièrement orléaniste et pour qui M. Thiers fut longtemps le type de l'homme d'Etat, ne pouvait accepter le prince qui, sans méconnaître les exigences de son temps, entendait, dans l'intérêt même de son peuple et par devoir, exercer vraiment le pouvoir royal.

Je répète en terminant que les chapitres de ce volume sont, sauf quelques corrections de forme, la reproduction de mes articles. J'y ai joint seulement huit ou dix notes, un certain nombre de dates et un appendice. Les notes ont peu d'importance, mais il en est autrement de l'appendice. Celui-ci contient des documents ou pièces justificatives d'un sérieux intérêt, notamment diverses lettres, la plupart inédites, de M. de Falloux, de Louis Veuillot, du comte de Montalembert, de M$^{gr}$ Pie. J'aurais pu multiplier ces sortes de preuves ; j'ai préféré m'en tenir à l'essentiel.

Je devais ce travail, non seulement à une mémoire qui m'est particulièrement chère, mais encore aux fermes défenseurs de tous les droits du Saint-Siège et du pouvoir chrétien, enfin à une œuvre que le chef infaillible de l'Église a louée. Si j'y ai mis quelque passion, je suis sûr de n'y avoir pas mis de haine et d'être resté dans la vérité comme dans le droit. J'aurais pu sur divers points charger le comte de Falloux plus que je ne l'ai fait.

Maintenant, j'espère qu'aucune autre lutte de cette sorte ne sera plus nécessaire et ne m'empêchera de donner à la *Vie de Louis Veuillot* tout le temps que l'*Univers* peut me laisser.

EUGÈNE VEUILLOT

# LE
# COMTE DE FALLOUX

## ET SES MÉMOIRES

---

### CHAPITRE I<sup>er</sup>

### LES DÉBUTS (1830-1846)

**Les** demeurants du catholicisme libéral ont cherché, dans les *Mémoires d'un royaliste,* la justification de leurs doctrines et la satisfaction de leurs rancunes. D'autres amis de M. de Falloux, moins mêlés aux luttes de ce temps, ou plus droits, y ont surtout signalé du charme littéraire, des anecdotes bien contées, de jolis mots, de la grâce et de la pensée. Il y a de tout cela, en effet, dans les Mémoires, non pas à la forte dose que l'on a dit, mais en bonne quantité. L'homme avait certainement du mérite et du savoir-faire. Si quelqu'un l'a nié, ce n'est pas moi.

Dans une étude bien tenue et distinguée, où l'ami et un peu le disciple, domine assez légiti-

1

mement le juge, M. le vicomte de Meaux a dit des *Mémoires*, que ce livre restera le **chef-d'œuvre** de M. de Falloux. Oui, et pour deux raisons. D'abord parce qu'aucun des autres livres de cet écrivain n'a des conditions de longue vie, et n'est arrivé ni n'arrivera au grand public; ensuite parce qu'il a mis dans celui-ci tout ce que le travail, le calcul, la passion, pouvaient lui donner de talent; tout ce que des ambitions déçues, une confiance hautaine en son mérite et des blessures à venger pouvaient développer chez lui de verve haineuse. Manifestement il a écrit ce livre avec amour et, vingt fois, l'a relu, revu, limé avec jouissance. C'était là, se promettait-il, qu'on prendrait une haute idée de lui, qu'on apprendrait à dédaigner le Prince qui avait refusé ses conseils, qu'on s'imprégnerait de mépris pour les catholiques qui lui avaient fait obstacle, notamment M$^{gr}$ Pie et Louis Veuillot.

Voilà pourquoi les *Mémoires d'un royaliste* sont, non pas un chef-d'œuvre, mais le chef-d'œuvre de M. de Falloux.

Le premier volume, quant aux qualités littéraires, l'emporte de beaucoup sur le second.

L'auteur y parle de la Vendée en bon Vendéen d'abord, puis en observateur sagace et aimable, en paysagiste et en poète, oui en poète! Cette Vendée de 1815 à 1830, bien que devenue très pacifique, était toujours, à plusieurs titres, la Vendée militaire. On s'y rappelait la guerre, non dans une pensée de colère, mais comme un souvenir glorieux et chrétien. Ces paysans, que les républicains avaient appelés des « brigands » et Napoléon « des géants », étaient restés pieux; ils gardaient toute la pureté de mœurs, toute la vigueur de caractère, toute la simplicité de vie qui les avaient rendus si redoutables. M. de Falloux l'indique agréablement; il donne d'aimables croquis du pays, d'avenantes et spirituelles études de mœurs, de gracieux ou piquants portraits de divers châtelains et châtelaines, derniers représentants d'une société qui a disparu même du Bocage. Tout cela est jeune, vivant, enlevé.

Il faut en dire à peu près autant, bien que les tableaux soient d'un autre genre, des pages où l'auteur raconte ses souvenirs de collège et ses premiers séjours à Paris.

Cependant, déjà on voit poindre la « pose »;

M. de Falloux arrange son personnage en vue de l'avenir. Il ne se peint pas seulement sous les traits d'un adolescent précoce, passionné pour les lettres et les arts, se croyant une vocation ecclésiastique et ayant une vocation d'orateur ; il raconte, en outre, qu'il eut de très bonne heure des tendances libérales et parlementaires. Ce Vendéen, auquel parents et amis enseignèrent l'amour du drapeau blanc, n'oublie pas qu'un jour il sera, comme Louis-Philippe, « soldat du drapeau tricolore ». Dès 1831, à vingt ans, il aurait regretté et condamné, s'il faut l'en croire, les plaisanteries parfois un peu grosses, il faut le reconnaître, de la presse légitimiste contre le roi de 1830 et ses fils aînés, les ducs d'Orléans et de Nemours, qu'il trouvait pour sa part « fort courtois et brillants ». Nous soupçonnons les Mémoires d'antidater le penchant de M. de Falloux pour l'orléanisme ; mais si par hasard ils disent vrai, il faut en conclure que la fibre royaliste n'a jamais fortement vibré chez lui.

Cependant il voulait, — du moins il l'assure, — s'enrôler pour la guerre civile. La pensée de mourir au coin d'une haie, en pressant sur son cœur la fleur de lis, le séduisait. Etait-ce une résolution, ou une illusion née de la couleur locale? N'est-ce pas seulement une vanterie rétrospective? Qui sait? La chose sûre, c'est qu'en 1832, le jour où M^me la duchesse de Berry parut et appela ses fidèles, le jeune Alfred de Falloux ne répondit point. « Je me trouvai à l'écart, at-il dit, contre mon attente et contre mon gré. » Ses voisins et amis, moins ou plus heureux, surent arriver, et la princesse n'eut pas, dans sa défaite, la douleur et l'humiliation d'être abandonnée de tous ceux qui lui avaient dit : J'y serai !

Les royalistes angevins pardonnèrent assez difficilement à M. de Falloux son absence. Les raisons qu'il en donna parurent mauvaises. Ceux qui le connaissaient bien n'eurent pas le tort de suspecter son courage ; ils furent seulement convaincus que, croyant à un échec, ce jeune sage s'était tenu à l'écart, crainte de compromettre son avenir. L'échec paraissait des plus probables, mais le moyen de le rendre inévitable était, certes, de ne pas se montrer. Du reste, en se jetant dans cette aventure, M. de Falloux eût manqué à son caractère. S'il était homme à payer résolument de sa personne, il n'avait rien de chevaleresque, et les entraîne-ments du cœur, les coups de tête, n'étaient point du tout son fait. Ne serait-ce pas là un cachet d'origine ? En même temps qu'il tenait du sang maternel un aspect aristocratique et de haute distinction, les traditions paternelles, tra-ditions essentiellement bourgeoises, lui avaient formé un esprit calculateur. Cet esprit devait condamner l'échauffourée romanesque de 1832.

Il faut également voir le petit côté de la na-ture bourgeoise et marchande dans les préten-tions nobiliaires de M. de Falloux, et dans son application à voiler la modestie relative de son origine, d'ailleurs fort honorable. A la façon dont il parle de sa famille, quiconque ignorera que l'honnête négociant son grand-père fut annobli par l'échevinage, et que le premier comte Falloux date de 1830, le croira de vieille noblesse. M. Gréard, son successeur à l'Aca-démie, et beaucoup d'autres, y ont été pris. Avec quelle complaisance il se pare de parents et d'alliés ayant eu des charges de cour, de belles fonctions, de hautes relations. Mais quelle dis-grâce ! tous ces titrés, quand on y regarde de près, sont pour les Falloux de provenance féminine.

Comment M. de Falloux, fin politique, homme d'esprit, polémiste dédaigneux, prompt à souligner les ridicules d'autrui, ne s'est-il pas rappelé, en prenant cette peine frivole, tel ou tel personnage de Molière? Comment n'a-t-il pas deviné qu'on se dirait : Entendons-nous ici un descendant des Sotenville et des Prudoterie, maison où le ventre anoblissait, ou un petit-fils de M. Jourdain? Comment n'a-t-il pas vu aussi que certaines gens, se reportant au digne échevin, son aïeul, s'écrieraient : Mais son grand-père était marchand? Et n'a-t-il pas entendu, lui académicien et même lettré, la réponse si connue : Non! non! « Tout ce qu'il faisait, c'est qu'il était fort obligeant, fort officieux » et qu'ayant chez lui de bonnes marchandises, il « en donnait à ses amis pour de l'argent ».

M. de Lourdoueix a qualifié un jour M. de Falloux « d'homme de vanité puérile ». Avait-il donc lu les premiers chapitres des Mémoires? Même sous le règne de la démocratie, la naissance est une force, et celui qui la possède

« pour de bon » fait bien de s'en servir, mais se surfaire en ce point est à coup sûr la marque d'un esprit étroit.

Alfred de Falloux, dont, après l'échauffourée de 1832, la position en Anjou et dans les salons royalistes de Paris se trouvait un peu fausse, songea que les voyages forment la jeunesse et voyagea. Il visita d'abord l'Autriche et l'Italie, puis, plus tard, l'Angleterre et la Russie. Les Mémoires racontent gentiment ces divers voyages. Cependant l'auteur, tout en rapportant d'aimables ou piquantes anecdotes, tout en faisant d'agréables portraits et en répétant de jolis mots, quelquefois aussi des mots égrillards, songe trop à son lendemain. Il se montre plus studieux, plus politique, plus réfléchi que ne le comportaient son âge et son milieu. Ne dit-il pas qu'à vingt-deux ou vingt-trois ans il partit pour Prague, « se promettant de juger par lui-même, autant que cela lui serait accordé, ce que l'avenir pouvait attendre des qualités naturelles et de l'éducation de M. le duc de Bordeaux ? »

Ce propos et divers autres de même sorte sont d'un Grandisson politique teinté de sa-

gesse anglaise dans le goût de Berquin, et non
d'un jouvenceau royaliste courant voir son roi.
Le vicomte de Falloux devait avoir plus de
jeunesse que cela. Mais c'est un jalon qu'il
pose; ne dira-t-il pas plus tard, pour excuser
sa conduite, que le Roi eut presque toujours un
entourage ou médiocre, ou mauvais?

C'est au cours de son voyage en Angleterre
que M. de Falloux vit pour la première fois
M. de Persigny, qui déjà servait Louis-Napoléon en conspirant contre Louis-Philippe. Le
royaliste rendit au bonapartiste un service d'argent, et celui-ci, pour remercier celui-là, lui
dit : « Le jour où vous serez ministre du prince
Louis, devenu chef du gouvernement, je vous
donnerai votre portefeuille. »

M. de Falloux trouva la plaisanterie très
drôle; puis, quand, quatorze ans plus tard,
M. de Persigny tint sa promesse, il la trouva
très bonne. Il raconte d'ailleurs fort agréablement et avec une pointe de philosophie cette
curieuse aventure.

Estimant qu'il avait suffisamment étudié son
roi, les gouvernements étrangers, les salons et
les peuples, le vicomte de Falloux rentra chez

1.

lui, devint sédentaire, écrivit son premier livre et prépara sa candidature à la députation. Ce premier livre fut une sorte de vie de Louis XVI, ouvrage de bon jeune homme, d'un style propret et facile, sans verve et sans vues. Pour sûr, ce coup d'essai n'était pas un coup de maître ; néanmoins, il posa son auteur. Il en fut parlé en Maine-et-Loire et dans les journaux du parti.

Si M. de Falloux dut s'avouer que son succès manquait d'ampleur, il avait assez de confiance en lui-même pour ne pas se décourager, et assez de talent pour faire mieux. Il se remit à l'œuvre et, sur le conseil de Lacordaire, aborda un grand et difficile sujet : la *Vie de saint Pie V.* Ce ne fut pas un chef-d'œuvre, mais il y avait progrès. L'auteur eut pour ce travail, qui dépassait ses forces, le bon esprit de prendre langue (il ne le dit pas) près de dom Guéranger. Mais, tout en se donnant cet appui, il était déjà trop politique pour faire le livre doctrinal et carré que lui conseilla le savant bénédictin. Calcul inutile ! La presse révolutionnaire s'est toujours armée contre M. de Falloux de son *Saint Pie V*, que, d'ailleurs, elle n'a jamais lu.

A ses débuts d'homme d'État, en 1848 et 1849, je l'ai vu fort ennuyé de cette petite guerre. Il est certain qu'on faussait ses idées en le représentant comme l'apologiste de l'Inquisition.

Bien qu'il se donnât avec quelque zèle aux études historiques et littéraires, M. de Falloux tenait trop à jouer un rôle dans les affaires publiques pour négliger les choses de la politique et le mouvement religieux. Le parti catholique, qui grandissait, et le parti légitimiste, auquel ce développement portait ombrage, étaient en guerre. M. de Falloux fut néanmoins de l'un et de l'autre, et se fit bien venir de tous deux. Il eut à la fois ses entrées à l'*Univers* et à la *Quotidienne*. Il y a mieux : les royalistes formaient alors deux groupes qui ne s'entendaient guère, l'un relevant du duc des Cars, l'autre de Berryer. M. de Falloux fut en même temps avec celui-ci et avec celui-là. De la sorte, il s'assurait des appuis partout et devait arriver.

D'après les Mémoires, il aurait eu aussi, de 1833 à 1848, un rôle très actif dans les œuvres de charité. Cette note est fausse. Qu'il ait assez souvent payé de sa bourse, nous le croyons sans peine, mais il ne payait point habituellement de sa personne. Outre qu'il habitait la campagne plus que Paris et voyageait volontiers, ses goûts et ses aptitudes, qui le faisaient dès lors homme de salon et le firent plus tard homme d'intrigue, ne le portaient pas à la pratique régulière des œuvres qui s'affirment par le soin de l'enfance, de la vieillesse, des malades, des pauvres. Ce n'est pas ici une critique, c'est la constatation d'un fait. Tout catholique aime ces œuvres et les soutient; mais il n'est pas donné à tous de s'y associer activement. Les uns, pris par d'autres luttes, n'en ont pas le temps; les autres, malgré leurs bons désirs, n'en ont pas le don. Il y a toujours eu parmi nous des hommes voués surtout aux choses de la charité proprement dite, et d'autres plus particulièrement faits pour la propagande et le combat. M. de Falloux tenait à ces deux corps de l'armée chrétienne, mais en volontaire qui paraît à ses heures, plutôt qu'en chef de file ou même en soldat toujours prêt à marcher. Ses souvenirs, en lui faisant croire qu'il était de l'avant-garde, l'ont trompé et, par suite, il a grandi son rôle. Cet accident arrive d'ordinaire aux faiseurs de mémoires, et, peut-être, y mettent-ils moins de calcul qu'on ne croit. Si pour les yeux la distance diminue les objets et finit par les faire disparaître, elle produit sur l'esprit de l'homme qui se raconte un effet tout contraire : il se voit plus grand qu'il n'a été et se montre tel qu'il se voit. C'est une sorte de mirage. M. de Falloux n'y a pas échappé ; peut-être même s'y est-il complu.

Le besoin de se surfaire n'est pas le seul auquel il ait cédé en parlant des œuvres charitables d'autrefois ; il a voulu aussi se donner la satisfaction de dénigrer, sinon les œuvres d'aujourd'hui, au moins ceux qui les font, surtout les hommes de cœur, de zèle et de principe auxquels nous devons les Cercles catholiques d'ouvriers. « De 1830 à 1848, dit-il, on ne manquait ni de dévouement ni d'énergie ; seulement on croyait moins qu'aujourd'hui à l'efficacité des démonstrations bruyantes et de l'ostentation bien intentionnée ; on ne cachait pas le drapeau de la charité, mais on craignait de le compromettre sans craindre de se compromettre soi-même. »

Ces paroles et d'autres qui les suivent ne sont pas seulement malveillantes, elles portent complètement à faux. Avant 1848 comme après, les catholiques militants ont usé de la publicité ou l'ont écartée, selon que l'œuvre entreprise pouvait s'en trouver bien ou mal. Ils ne se croyaient coupables ni « d'ostentation » ni de démonstrations bruyantes » quand ils tenaient des réunions, prononçaient des discours et demandaient à la presse son appui. Et si des adversaires ou des tièdes leur reprochaient de faire du « bruit », les résultats obtenus leur disaient : vous faites du bien.

L'œuvre des Cercles ouvriers, par son caractère général et son but social, demandait certainement plus de publicité que l'œuvre des Petits ramoneurs ou des Amis de l'enfance. M. de Falloux, quoi qu'il en ait dit et écrit, se l'est avoué. Mais cette œuvre a eu tout de suite à ses yeux des torts irrémissibles : elle a condamné les principes de 89, reçu l'appui de l'*Univers* et réclamé le pouvoir chrétien. De là l'hostilité de M. de Falloux, hostilité dédaigneuse et dénigrante, où l'on reconnaît un esprit hautain, étroit et méchant.

Battu, mais avec une minorité honorable, aux élections de 1842, M. de Falloux se représenta en 1846 et fut élu. Il entrait à la Chambre comme légitimiste. Cependant, par suite sans doute de sa parenté avec l'amiral de Mackau, très dévoué à la dynastie de Juillet, et de ses accointances avec le parti catholique, le monde officiel ne voyait pas en lui un « irréconciliable ». C'était, je crois, un jugement téméraire. Bien qu'il eût l'esprit orléaniste, M. de Falloux ne se fût pas rallié à Louis-Philippe.

Mais, dira quelque curieux, ne se serait-il pas rallié au duc d'Orléans ?

## LE DÉPUTÉ ROYALISTE. — LE CANDIDAT RÉPUBLICAIN

M. de Falloux entra à la Chambre à trente-cinq ans; c'était y entrer jeune. La Charte ne permettait pas, en effet, qu'on fût député avant trente ans, et les électeurs censitaires trouvaient généralement que, même à cet âge, on n'était pas encore assez mûr pour les représenter. L'élu de Segré eut donc la satisfaction d'être classé parmi les jeunes. De plus, comme les députés légitimistes ne dépassaient point alors ou ne dépassaient guère la douzaine, on pouvait aisément se faire dans ce petit groupe une position en vue. M. de Falloux y travailla vite et ferme. Il parla dans les bureaux, prit un rôle actif dans les réunions de la Droite et soigna les journaux dont il pouvait attendre quelque chose. L'*Univers* en fut. C'est un détail que taisent les Mémoires. En revanche, ils rapportent abondamment, mais inexactement, cela va de soi, les démêlés que le nouveau venu eut tout de suite avec l'abbé de Genoude, directeur de la *Gazette de France*. Le portrait de celui-ci, polémiste retors, politique aventureux, ayant trop de passion pour avoir assez de jugement et de justice, est bien enlevé, et même, si l'on tient compte des habitudes du peintre, n'est trop poussé ni à la charge ni au noir.

En 1846 le parti catholique n'avait guère qu'un représentant dans la Chambre, M. de Carné, qui véritablement le représentait bien peu. Homme distingué, catholique sincère, il redoutait les mêlées ardentes et songeait trop à devenir fonctionnaire pour s'engager, même sur une question non politique, dans une opposition absolue. La place, en somme, était libre. Seulement on ne pouvait la prendre sans courir le double risque de s'aliéner le parti légitimiste et de se rendre impossible pour longtemps, peut-être pour toujours. M. de Falloux ne la prit point.

Une réponse que Louis Veuillot lui adressa en 1856 dit très bien quel rôle il eut, quant aux questions catholiques, dans la dernière Chambre de l'ère philippienne. « Député nouveau, M. de Falloux avait paru plus pressé de se montrer que de s'engager; membre du **comité** catholique, mais peu assidu aux séances, il entretenait avec l'*Univers* des relations bienveillantes sans intimité. Il était l'un de nos alliés légitimistes les plus importants, et **non** pas précisément un des *nôtres*. Le 24 Février, il quitta Paris et se rendit à Angers, où l'appelait sa situation. Il y parla des Assemblées qui venaient d'expirer avec plus de mépris que nous n'en avions nous-mêmes; du peuple de Paris et de la Révolution avec plus d'enthousiasme que nous n'en pouvions éprouver... Quoique dans un pays profondément religieux, il laissa de côté son petit laurier catholique. Ses amis, relevant ses services comme député, appuyèrent sur le rôle qu'il avait rempli dans la question de la réforme postale. »

Dans les pages nombreuses, animées et rusées que les Mémoires consacrent à « la révolution de Février », plusieurs notes fausses sont mêlées aux notes justes. Nous l'indiquons d'une façon générale. Un seul point doit nous arrêter. Pourquoi M. de Falloux rappelle-t-il et explique-t-il si au long le bon accueil que reçut la République? Pourquoi note-t-il avec tant de soin, et sans produire rien de nouveau, les adhésions plus ou moins explicites que des catholiques, des prêtres, des évêques et un certain nombre de royalistes donnèrent aux hommes de Février 1848 ?

Ces pages, qui semblent un hors-d'œuvre, sont un plaidoyer. Adversaire du gouvernement qui tombait, M. de Falloux avait le droit de donner la main aux vainqueurs ; et, de plus, s'il avait été « catholique avant tout », il eût pu, sans mériter aucun reproche, adhérer en fait et même en principe au régime républicain. Mais il était royaliste, et le Roi légitime vivait. Ses doctrines et ses engagements lui défendaient donc de se prononcer pour la République. Il le fit néanmoins, et même, forçant sa nature, il y mit de l'enthousiasme... ou de la rhétorique. Quand, écrivant ses *Mémoires*, il eut à parler de ce temps, il trouva qu'il avait été trop loin et, pour se couvrir, voulut montrer, comme thèse générale et sans paraître songer à lui-même, que tout le monde avait été bien loin, Une fois cette précaution prise, il avait un bon terrain et pouvait se mettre en scène sans s'accuser d'avoir cru ou paru croire plus que d'autres à la République. Cette ruse, comme toute précaution inutile, est, au total, une maladresse. Elle porte aux vérifications. On lit de près les textes que rapporte M. de Falloux, on se demande s'il n'arrange rien, et l'on cherche. Nous dirons ce que l'on trouve.

Le journal est forcé de donner en hâte son avis sur tout fait grave. Une révolution s'est accomplie dans l'après-midi, il faut qu'il la juge le soir même. M. de Falloux ne subissait pas cette loi, mais il était si pressé de prendre situation que, dès le lendemain de la proclamation de la République, il y adhérait. Son adhésion, dans laquelle il chercha plus tard à montrer des sous-entendus, était explicite, chaleureuse, enthousiaste. De plus, tort grave et qui étonne chez ce calculateur, elle était longue : elle remplit quatre pages et demie des Mémoires. A tant parler on risquait d'en trop dire. M. de Falloux, bien que très habile aux manœuvres de la langue et de la plume, n'évita pas cet écueil. Que de fois il a regretté la tirade déclamatoire où il *consignait* son *admiration*, en soulignant le mot, *pour le peuple de Paris.*

« Sa bravoure, ajoutait-il, a été quelque chose

d'héroïque; ses instincts, d'une *générosité*, d'une *délicatesse* qui dépasse celle de beaucoup des corps politiques qui ont dominé la France depuis *soixante ans* (il n'exceptait pas la Restauration). On peut dire que les combattants, dans la double ivresse du danger et du triomphe, ont *donné tous les exemples* sur lesquels n'ont plus qu'à *se régler* aujourd'hui les hommes de sang-froid. Ils ont donné à leur victoire *un caractère sacré*. Unissons-nous à eux (les insurgés) pour que rien désormais ne le dénature ou ne l'égare. »

Combien cela était faux! Le *peuple* n'avait pas eu besoin d'un grand *héroïsme* pour rester vainqueur, puisque le pouvoir s'était à peine défendu. Il n'y eut qu'un engagement de quelque gravité, et l'honneur en revint aux vaincus, une poignée de fantassins enveloppés par des masses d'insurgés. Quant aux *instincts* de *générosité* et de *délicatesse* que M. de Falloux célébrait avec une *admiration* soulignée, ils s'étaient traduits tout particulièrement par le pillage des Tuileries, du Palais-Royal, du palais de l'État-Major et l'incendie d'un poste où de braves soldats, qui refusaient de se rendre, avaient été brûlés. Les dispositions que l'on put louer dans la population parisienne ne furent pas le **fait** des *combattants* et ne se manifestèrent qu'après le triomphe, c'est-à-dire après l'effondrement misérable d'un gouvernement qui, né d'une insurrection, trembla par vice originel devant une émeute que durant deux jours il lui eût été facile d'écraser.

M. de Falloux ne se bornait pas à glorifier les insurgés, ces *héros* pétris de *générosité*, de *délicatesse*, qui avaient **donné** *tous les exemples* sur lesquels il fallait se *régler* ; il flagellait les *puissances étrangères*, qu'il appelait avec un soulignement dédaigneux les *impuissances étrangères*, et déclamait en prose, avant que Pierre Dupont l'eût rimé, le célèbre refrain :

> Les peuples sont pour nous des frères
> Et les tyrans des ennemis.

Voici sa strophe :

« Dites-vous bien que l'Europe va prendre feu d'un bout à l'autre à la nouvelle des événements de Paris... ; le mouvement actuel, d'ici à six mois, enveloppera soixante millions d'hommes. Nous sommes séparés de toute agression possible par un boulevard de trois cents lieues, *par un rempart de peuples qui tournent vers nous leurs cœurs* et non leurs armes. »

Notons aussi qu'il ne négligeait pas de tracer au clergé son devoir, lequel était de favoriser le mouvement républicain. Il montrait la religion florissante dans « les républiques américaines »; il rappelait qu'elle avait fait « au moyen âge la splendeur des républiques italiennes », et s'appuyait sur un mot de Chateaubriand pour demander que le principe monarchique cédàt le pas au fait républicain.

M. de Falloux, lorsque cette lettre le gêna, prétendit qu'elle n'avait pas été écrite pour la publicité. Allons donc! Dans de pareilles circonstances, un politique comme lui écrit-il avec cette abondance et de ce ton oratoire sur de pareils sujets, sans autre but que d'épancher le trop-plein de son *admiration* dans le sein d'un correspondant intime ? Notez que ce correspondant était le directeur du journal de M. de Falloux, et que celui-ci demandait expressément que l'on fît connaître ses impressions aux *amis.* Cette lettre était une profession de foi. Le député royaliste de Segré, dont le mandat avait été déchiré la veille par l'insurrection, passait aux insurgés et à la République pour être élu représentant du peuple.

Qu'il y eût pour les hommes d'ordre, surtout pour les catholiques militants, des raisons sérieuses d'accepter le fait accompli, de lui donner, sous conditions, un loyal concours, c'est évident. Le langage que tint l'épiscopat en fait foi. Mais M. de Falloux, qui, le 24 février, était encore le serviteur du roi légitime et du drapeau blanc, n'avait pas le droit de crier si vite et avec tant de feu : Vive la République ! Dans tous les cas, il ne devait point glorifier les insurgés et manquer à la vérité pour justifier sa très prompte et trop chaleureuse évolution. Les *Mémoires d'un royaliste* disent que d'autres en firent autant et que l'*Univers* en fit plus. Cela n'est pas vrai. Les situations étaient, d'ailleurs, très différentes. L'*Univers*, qui *n'admira* pas les combattants, qui ne vit pas en eux des modèles sur lesquels il fallait se *régler*, ne relevait d'aucune royauté. Il fut dans la même voie que les évêques et s'entendit très bien avec M. de Montalembert, alors chef laïc du parti catholique. J'ajoute que celui-ci, malgré l'impétuosité qui le portait aux excès de parole et d'écriture, garda en cette circonstance une grande mesure comme une grande fermeté et jugea sévèrement le langage de M. de Falloux. Le médiocre *concetti* sur les *puissances* étrangères devenues des *impuissances* lui fit hausser les épaules ; le *caractère sacré* donné à la *victoire* du *peuple* le révolta. Il y a trace de ce sentiment dans une lettre de M. de Montalembert, datée du 20 décembre 1851. Trouvant mauvais que M. de Falloux eût blâmé sa vive adhésion au coup d'État, il lui disait : « Vous me laisserez bien vous demander où en étaient la liberté, la vérité et la moralité le 25 février 1848, au lendemain d'une révolution qui vous avait chassé de votre siège législatif, tout comme le coup d'État du 2 décembre, et à laquelle vous avez adhéré avec *encore plus d'empressement et de sympathie* que je n'en ai témoigné jusqu'à présent à Louis-Napoléon. »

La campagne électorale commença vite en Anjou. Il y eut réunions, discours, polémique. M. de Falloux paya de sa personne avec grande ardeur et se maintint sans broncher sur le terrain de la République. Il prit même le langage du temps, appela les ouvriers des « travailleurs libres », revendiqua le titre de *citoyen* et se déclara *démocrate* convaincu.

Nous sommes au 12 mars 1848 ; déjà le gouvernement provisoire a donné aux hommes d'ordre, surtout aux catholiques, de sérieuses inquiétudes. M. de Falloux n'y voit qu'une raison de plus d'aller à la République. Il veut qu'on soit avec elle parce que l'avenir est à la démocratie. Voici quel langage il tient à Angers dans une réunion électorale :

« S'il y a des choses de l'avenir que j'ignore, il y en a une que je crois savoir, et celle-là je tiens à la dire, parce que je la tiens pour définitive, pour irrévocablement acquise : c'est l'avènement de la démocratie ; c'est là-dessus que nous devons tous prendre notre résolution. Quand bien même les cœurs et les intelligences, par quelque mouvement imprévu, retourneraient encore vers la monarchie, les institutions, les idées et les mœurs demeureraient démocratiques, et *le monarque ne serait jamais que le président de la République : honorons donc, saluons cet événement...* »

Pour un orateur qui, le 24 février au matin, était encore un royaliste du drapeau blanc, c'était bien chaud !

M. de Falloux invoquait ensuite en l'honneur de la révolution de Février la Providence et l'histoire, puis il ajoutait :

« Suivez le peuple depuis la civilisation, c'est-à-dire depuis l'Évangile : au sortir des mains païennes, il s'appelle esclave, puis serf, puis vassal, puis sujet ; aujourd'hui il porte et il conserve le nom de *travailleur libre*. Suivez de même l'histoire du riche : il s'appelle le maître, puis le suzerain, puis le seigneur, et aujourd'hui il s'appelle *citoyen*. »

Il y a du vrai, sans doute, dans cette thèse du *citoyen* Falloux ; mais de même que le ton fait la chanson, le milieu où certaines paroles sont dites et le but que poursuit l'orateur en donnent le vrai caractère. Et n'est-il pas évident que, par ce mélange de vrai et de faux, M. de Falloux voulait flatter la révolution et enterrer la royauté ?

Cette fièvre républicaine, qui était surtout une fièvre électorale, le fit errer bien d'autres fois encore. Nul royaliste de la veille ne confondit au même point la patrie et la république. Avec quel entrain il promettait de *mourir* (oui *mourir !*) au besoin pour le *pavillon* sous lequel voguait maintenant « le vaisseau de la France », c'est-à-dire le pavillon républicain ! Il y avait là comme un écho du *Chant du départ* :

> La République nous appelle,
> Sachons vaincre ou sachons périr ;
> Un Français doit vivre pour elle,
> Pour elle un Français doit mourir !

Un autre royaliste angevin, ancien député comme M. de Falloux, M. le comte Théodore de Quatrebarbes, faisait aussi la campagne électorale en Maine-et-Loire. Homme de principe avant tout et l'honneur même, tenant à sa dignité plus qu'à son élection, il se soumettait au fait accompli mais n'entendait pas l'acclamer. M. de Falloux voyait là quelque chose de naïf et même de puéril. Il le constate à certaine page de ses Mémoires où il montre M. de Quatrebarbes et lui, se préparant à parler aux électeurs. Il faut l'entendre : — « Le mot même de République me répugne à prononcer, disait M. de Quatrebarbes. — Répugner à prononcer le mot quand on subit la chose, répondait M. de Falloux, ne me paraît pas très raisonnable; car on ne fait pas disparaître ce qu'on passe sous silence. Cependant ne vous en inquiétez pas; je serai, s'il le faut, un peu plus logique que vous, et je payerai pour nous deux... »

Esprit délié, conscience déliée !

M. de Quatrebarbes dut lui répondre qu'entre *subir* une chose jugée mauvaise et l'accepter avec élan, avec amour, et travailler à l'affermir, la différence est grande.

Il y aurait d'autres remarques à faire sur ce dialogue, mais il faut abréger.

Si M. de Falloux se débarrassa lestement de ses opinions monarchiques, il ne renia point sa foi religieuse; seulement, au lieu de l'affirmer avec vigueur et dans son plein comme le fit M. de Montalembert, il la costuma selon le goût du jour. Le *citoyen* voulait séduire le *travailleur libre*. Par exemple, il loua beaucoup les actes libéraux de Pie IX, et blâma sous une forme habile Grégoire XVI, qui dans une encyclique avait *semblé condamner* plusieurs des *franchises les « plus chères des temps modernes »*... Cette parole contre l'encyclique *Mirari vos* annonçait le catholique libéral. Déjà

2.

M.. de Falloux se préparait la jouissance d'être mal avec le Pape comme avec le Roi. Ce fut alors aussi qu'il commença de guerroyer déloyalement contre son évêque.

Toute cette habileté fut sans succès près des chefs du parti républicain. Elle irrita les uns, amusa les autres et ne dupa personne. M. de Falloux ne gagna rien de ce côté, sauf d'être tenu pour fourbe par divers gens qui, jusqu'alors, s'étaient bornés à le croire trop fin. En revanche, les anciens libéraux dynastiques, universitaires déterminés et ennemis du «parti-prêtre», acceptèrent volontiers son alliance. Ne leur amenait-il pas des voix royalistes et cléricales ?

Du moment où M. de Falloux prenait de tels alliés, loin de se fleurir du petit laurier catholique qu'il avait rapporté de Paris, il devait le mettre en poche. Il fit plus. Il déclara que le parti catholique n'avait désormais aucune raison d'être, qu'il fallait briser cette force devenue sans objet. Ni l'*Univers* ni le comité pour la défense de la liberté religieuse ne l'entendaient ainsi. Nous réclamâmes doucement, car M. de Falloux était encore un « ami ». Il nous répondit dans son journal angevin, sans rien abandonner de sa thèse, et non sans y mettre une certaine âpreté ; mais en même temps il nous demanda tout bas, par lettre particulière, en termes affectueux et plaintifs, de ne pas gêner sa tactique. J'ai cette lettre. C'est d'abord un gémissement sur le défaut de *confiance* que montrent les réclamations de l'*Univers*, puis c'est l'assurance que le *possible* a été fait :

« Votre attaque ne peut donc que jeter un peu de trouble dans des rangs déjà fort peu sûrs de la victoire, *sans aucun bénéfice pour rien* (ces mots sont soulignés dans l'autographe), hommes et principes, de ce que vous voulez servir et de ce que *nous ne voulons pas abandonner plus que vous*. Elle nous oblige, en outre, à vous répondre, et par conséquent à nous défendre en vous attaquant un peu aussi, car nous ne pouvons pas ou passer condamnation comme nous l'avions fait sur votre première semonce indirecte, ou discuter des noms propres, mettre en jeu des amours-propres ou *publier l'adhésion de l'évêque* et les lettres confidentielles des curés sur les personnages et en faveur des personnages mêmes que vous croyez peut-être les plus éloignés de vous. »

Ici venaient les noms de candidats jusqu'alors ennemis de la cause religieuse, que M. de Falloux, âme confiante et sensible, aimait à croire si bien convertis par la révolution de Février, qu'il ne voulait leur demander aucun engagement.

Il terminait ainsi :

« Veuillez donc ne pas juger de trop loin, et, par conséquent, trop injustement, cher Monsieur, des difficultés que nous déplorons comme vous, et que nous ne cherchons à combattre autrement que vous que parce que nous sommes sur le terrain même, et que nous en avons étudié les plis avec un immense désir d'en tirer le plus de ressources possible.

« Votre bien dévoué de cœur,

« A. DE FALLOUX. »

Ainsi, en même temps qu'il condamnait le parti catholique et agissait contrairement aux règles et instructions de ce parti, M. de Falloux nous écrivait confidentiellement : Ayez *confiance*, ne vous arrêtez pas aux apparences ; je reste avec vous et laissez-moi manœuvrer en paix. Qui voulait-il tromper ?

Mais, comparativement, cela n'est rien. Voici du Falloux plus accentué. Pour nous faire accepter sa liste, il se targuait de *l'adhésion de l'évêque* en s'excusant de ne pouvoir la *publier*. Eh bien ! cette adhésion, il ne l'avait pas et n'espérait pas l'avoir ; elle lui avait été refusée. Son affirmation était une fausseté. Mais comment osait-il la risquer ?

C'est qu'il comptait sur le silence de l'évêque, M<sup>gr</sup> Angebault, peu porté d'ordinaire aux luttes ardentes. Son calcul fut trompé. M<sup>gr</sup> Angebault, qui tenait extrêmement à l'un de ses candidats, M<sup>gr</sup> Régnier, prêtre angevin, devenu évêque d'Angoulême, parla, il fit une autre liste et, dans une circulaire à son clergé, dévoila le vilain rôle que M. de Falloux avait joué. Ce fut une grave polémique. Malgré son assurance et sa souplesse, M. de Falloux n'y brilla point. Il ne sut même pas se contenir et, non content d'avoir trompé l'évêque, il l'injuria.

Le morceau est long. M. de Falloux, qui ne l'avait pas signé, mais qui dut s'en reconnaître l'auteur, y qualifie tout de suite de *calomnieuses* les *inculpations* de la circulaire épiscopale ; puis, faisant l'éloge des membres de son comité, c'est-à-dire de lui-même, il ajoute : « Ils savent que les intentions les plus résolument conciliantes rencontrent cependant sur leur route *des rancunes que rien n'apaise, des intelligences que rien n'éclaire.* » Après avoir peint de la sorte son évêque, il lui donne avec dédain une leçon de convenance, et l'accuse d'une *susceptibilité* étroite qui le porte à trahir des *confidences*, à publier des *correspondances intimes*, à méconnaître une loi que d'autres, plus droits, trouvent dans leur *conscience.* Cela dit, il aborde la question :

« Le vénérable chef de ce diocèse, écrit-il, vient, par un manque de défiance qui ne surprend point dans un pasteur et qu'on peut relever sans nuire à l'autorité qui lui est nécessaire, *d'être entraîné dans un piège,* où nous serions inexcusables de le suivre. Il a été *conduit à signaler lui-même une partie de son troupeau aux passions ardentes d'une autre portion, à consacrer,* pour ainsi dire, de son témoignage auguste des *préjugés*, des *dénonciations* de parti qui ne se *retrouvent même plus dans la polé-*

*mique sérieuse de la presse un peu élevée.* C'est
une *extrémité* qu'expliquent les préoccupations
de mille natures qui peuvent en ces circonstances critiques dominer même sa charité. Nous
osons prédire cependant que son cœur ne tar-
dera pas d'en ressentir non seulement un *regret profond*, mais peut-être un *véritable remords.* »

Craignant, bien à tort, que ces lignes imper-
tinentes n'eussent pas assez clairement accusé
M^gr Angebault de ne savoir ni ce qu'il disait ni
ce qu'il faisait, M. de Falloux, continuant sur
le même ton, reprochait au vénérable prélat
d'avoir *naïvement* accueilli de *vagues rumeurs*
et de s'être trop fié à sa *mémoire* qui avait besoin d'être *secourue;* enfin il lui disait : J'ai
dû exercer contre vous les *droits de la vérité.*

Voilà comment traitait son évêque ce catholique qui, plus tard, prétendit, avec une indignation de Tartufe, que Louis Veuillot manquait de respect à tout l'épiscopat en se défendant contre M^gr Dupanloup.

Pourquoi M. de Falloux, qui, d'après sa situation et ses principes extérieurs, aurait dû

s'entendre avec l'évêque, manœuvra-t-il contre lui ? Était-il donc tellement républicain qu'il ne voulût point de candidats cléricaux ! Non, certes ! Mais le trouble où la Révolution l'avait jeté et son violent désir d'être élu le trompèrent sur les dispositions de son département. Il crut que, même en Anjou et en Vendée, il fallait, pour réussir, voiler le drapeau religieux et faire très large part aux révolutionnaires modérés. Comme l'évêque, moins accommodant, voulait qu'il y eût un prêtre parmi les candidats du parti de l'ordre, M. de Falloux le contrecarra et finalement le trompa. L'action catholique en fut fort amoindrie, sinon annulée. On le vit au résultat. Dans un département où les légitimistes unis aux catholiques devaient emporter la majorité, sinon la totalité des élections, ils furent battus. M. de Falloux s'en consola vite. Sa cause essuyait une défaite, mais personnellement il était élu ; il arrivait à la queue des vainqueurs, le treizième, avec douze ou quinze voix de majorité. Il tint la journée pour bonne.

Sait-on comment, dans ses Mémoires, il se tire de cette vilaine affaire ? Il n'en dit rien. Il ne dit rien, non plus, de sa petite campagne contre le parti catholique. Voilà des Mémoires qu'on ne saurait appeler, comme ceux de Jean-Jacques, des confessions.

Nous craignons d'avoir donné trop de place à cette phase de la vie publique de M. de Falloux : mais nous avons une excuse : tout l'homme s'y dessine. Le Falloux que l'on voyait poindre dès 1832 prend ici une forme nette et saisissable.

Royaliste, il jette la monarchie à la mer et, non content de la condamner en fait, la renie en principe ; il dit que, si, par imprévu, on revoyait un roi, il n'admettrait pas que celui-ci fût autre chose que le président de la République. C'est bien l'homme qui, rentré dans le parti légitimiste, mais n'en ayant plus, ou plutôt n'en ayant jamais eu les principes, voudra subordonner la royauté à la révolution.

Catholique, il prend contre l'évêque la direction politique du clergé, il s'élève contre l'organisation de la défense religieuse, il sacrifie l'action de l'Église à ses intérêts, il écarte, au nom des doctrines libérales, les enseignements infaillibles du Pape.

Polémiste, il biaise, il équivoque, il outrage, il recourt au mensonge.

Voilà ce qu'il fut alors, et c'est ce qu'il sera jusqu'au bout.

## LE REPRÉSENTANT DU PEUPLE

### LE MINISTRE

La révolution de Février a exercé une influence capitale sur M. de Falloux, non pas parce qu'elle l'a fait ministre, mais parce qu'elle l'a mis dans la voie où ses qualités et ses défauts le poussaient. Royaliste et catholique par sa naissance et par le milieu où il avait toujours vécu, il ne pouvait être sous Louis-Philippe qu'un député légitimiste marchant à la suite de Berryer. C'était un rôle d'opposant systématique et sans action, plutôt qu'un rôle d'homme politique. Nul moyen de s'y montrer habile dans le maniement des affaires et d'y négocier des compromis. On donnait alternativement un petit appoint à M. Thiers contre M. Guizot, puis à celui-ci contre celui-là, et c'était tout. M. de Falloux, enfermé dans ce groupe, y serait resté comme la graine qui n'arrive pas à maturité reste dans son enveloppe. Il était en passe de s'ignorer lui-même.

Le grand coup de vent du 24 février 1848

rompit sa gaine et lui donna avec la liberté le moyen d'en user. Ce ne fut plus le royaliste condamné à une opposition sans effet et presque sans but : ce fut le « citoyen » qui, dans l'intérêt de la patrie, accepte un régime nouveau. M. de Falloux prenait possession de lui-même et allait émerger. Il se fit certainement alors dans son esprit un travail qui lui donna une grande joie. Sa fameuse lettre du 25 février en l'honneur des insurgés parisiens l'indique implicitement. C'est quelque chose comme l'élan d'un prisonnier devant qui s'ouvre l'espace et l'avenir. Quelle fortune de voir tomber Louis-Philippe, qu'il ne pouvait servir sans déshonneur, et d'être, du même coup, à peu près délié de ses engagements envers le comte de Chambord ! Sans doute il ne se traça pas tout de suite un plan de campagne. De même que l'oiseau né et élevé en cage, tout en se sentant des ailes, ne sait pas, quand il va les essayer, où elles pourront le porter, M. de Falloux ne pouvait savoir, dès qu'il fut libre, quelle force politique il y avait en lui et comment il userait de cette force. Seulement il dut s'avouer qu'il préférerait les chemins de traverse à la grande route, la dextérité mêlée de ruse aux principes. C'était le fond de sa nature. Il en avait déjà donné des indices dans ses écrits et sa conduite, mais comme à tâtons. Maintenant il voyait clair. Le Falloux lié par son éducation et ses alliances à l'ancien ordre monarchique et religieux faisait place au Falloux libéral et parlementaire. Sa conscience déjà souple devait dans cette voie s'assouplir encore.

L'Assemblée nationale de 1848, qui fut à bien des titres une Assemblée exceptionnelle, comptait beaucoup d'hommes nouveaux pleins de bonne volonté et sans expérience. M. de Falloux, qui déjà joignait à son mérite une certaine entente de la vie publique, y prit vite un bon rang. Il fut un des premiers parmi les seconds. Il avait du talent et du savoir-faire, il eut de la décision. Son rôle dans les agitations parlementaires et les troubles révolutionnaires qui précédèrent l'insurrection de Juin, ainsi que dans l'affaire même des ateliers nationaux, fut d'un esprit clairvoyant et résolu. Cela dit, il faut reconnaître que les Mémoires lui font dans ces luttes une si bonne part, que celle de divers autres s'en trouve un peu rognée ou voilée.

Mais peut-on reprocher à l'homme qui se met en scène de mieux se rappeler ses mérites que ceux d'autrui ? Toujours est-il qu'il montra alors de précieuses qualités. Les mesures qu'il proposa en qualité de membre et rapporteur de la commission des ateliers nationaux étaient justes et sages. Elles n'ont pas provoqué, comme on l'a tant dit, une insurrection devenue humainement inévitable; et même, si elles l'avaient provoquée, il eût fallu s'en prendre à l'Assemblée, et non au seul M. de Falloux.

Lorsque la lutte passa de la Chambre dans la rue, bon nombre de députés, les uns républicains, les autres monarchistes, voulurent soutenir de leur présence les soldats, gardes nationaux et gardes mobiles qui allaient au feu. M. de Falloux fut de ce nombre; il visita les hôpitaux où se trouvaient les blessés des deux partis, s'approcha des barricades et tint à ce que l'*Univers* le dit, non pour lui personnellement — qui pourrait en douter ? — mais dans l'intérêt de « la cause ». Et même, pour bien nous prouver qu'il songeait uniquement à « la cause », il nous pressa de ne pas oublier M. de Montalembert. « Comme je vois, nous écrivait-il le 30 juin, tous les anciens journaux de la gauche fort empressés à faire *valoir exclusivement* (souligné sur l'autographe) leurs amis, je pense que vous ne devez pas et que nous ne devons pas non plus mettre trop d'abnégation vis-à-vis des nôtres. Je vous serai donc reconnaissant de vouloir bien donner une place à cet article du *Journal des Débats*, qui dit du moins un petit bout de vérité et que je complète en ce qui touche M. de Montalembert, sans lui en demander la permission. »

Naturellement, cet article du *Journal des Débats* notait la présence de M. de Falloux devant les barricades. Il ne disait d'ailleurs rien de trop. Le mot que notre correspondant ajoutait en l'honneur de MM. de Montalembert et de Kerdrel était juste aussi. Je ne cite donc pas ces quelques lignes pour les discuter. Je veux seulement indiquer que nous étions alors en bons termes avec M. de Falloux et qu'il ne négligeait pas sa gloire.

Le dissentiment qui s'était élevé entre nous à propos de sa campagne électorale n'avait laissé nulle trace. Tout au contraire, comme l'appui de l'*Univers* et de nos comités pouvait lui être plus utile que du temps de Louis-Philippe, loin de condamner encore le parti catholique à disparaître, il s'y rattacha de plus en plus. Le public voyait en lui l'un de nos chefs de file. Il n'en était pas tout à fait ainsi. Louis Veuillot, pour sa part, avait quelque méfiance. Certes, il ne devinait pas un ennemi acharné, un calomniateur dans l'homme qui, de vive voix et par écrit, lui parlait si volontiers de sa *sincère déférence*, de sa *bien vive admiration*, de son *invariable attachement*; mais il le jugeait trop pressé d'arriver et trop porté aux accommodements. Il s'en fallut de peu qu'un désaccord éclatât à propos des débats sur l'article 8 de la Constitution, où l'on prétendait énumérer les droits naturels du citoyen. M. de Montalembert avait parlé pour affirmer les principes ; M. de Falloux parla pour les voiler. Louis Veuillot voulut réclamer; on le retint. D'après les Mémoires, M. de Falloux aurait atténué le discours de M. de Montalembert, sur la demande même de celui-ci. Cela n'est pas absolument exact.

M. de Montalembert, voyant qu'il avait troublé nos alliés du parti conservateur, put accepter que M. de Falloux tentât de les rassurer, mais il trouva qu'il les rassurait trop.

La victoire du parti de l'ordre dans les journées de Juin n'enleva pas le pouvoir aux « républicains de la veille », dont le général Cavaignac, élu chef du gouvernement, était l'une des gloires ; mais elle donna plus de force dans l'Assemblée aux « républicains du lendemain ». M. de Falloux fut de ceux auxquels ce mouvement de l'opinion profita. On l'a représenté comme ayant voulu devenir alors l'un des ministres du général Cavaignac. Ce bruit put courir, mais il n'eut rien de sérieux. M. de Falloux se contenta de rester sur le terrain de la République et d'affirmer que le régime nouveau ne devait pas s'inquiéter des anciens partis. Cela l'entraîna à s'écrier dans un discours, d'ailleurs réactionnaire : « La République a été fondée ici (à la Chambre) le 4 mai, le jour où, en présence de la *population de Paris tout entière, à la face d'un soleil radieux comme les cœurs et les visages*, nous sommes venus tous ensemble, *sans exception, proclamer la République...* »

M. de Falloux, lorsqu'il écrivit ses Mémoires,

avait-il donc oublié cette *radiation* de son *visage* et de son *cœur* en ce grand jour du 4 mai ? Il faut le croire, car, au lieu de reproduire les paroles enthousiastes que nous venons de rappeler, il affirme (p. 310 et 311) que cette *démonstration l'étonna* et l'*irrita*, qu'elle n'eut rien de *spontané*, qu'il fut de ceux qui songèrent à n'y point prendre part, qu'elle trompa le *public* et que, le soir même, il se rendit avec d'autres chez Lamartine pour y faire connaître sa *désapprobation des scènes théâtrales de la matinée.*

Si le récit des Mémoires est vrai, lé discours du 16 septembre mentait ; et si ce *radieux* discours était sincère, les Mémoires ne le sont pas.

Mais qu'il fût ou ne fût pas sincère, en rappelant avec pompe sa chaleureuse adhésion à la République, M. de Falloux ne devait pas encore songer à la servir. Le discours même dont nous venons de donner quelques lignes en fournit la preuve. Il prenait tout au plus, vis-à-vis du général Cavaignac, une position d'attente. Il garda cette position pendant la lutte pour l'élection présidentielle. S'il repoussa Louis-Napoléon, il n'appuya pas formellement le général, et, en fin de compte, s'abstint. L'*Univers* s'abstint également. Seulement, tandis que M. de Falloux penchait plutôt vers Cavaignac, nous penchions plutôt vers Louis-Napoléon. Quant à M. de Montalembert, il était carrément pour ce dernier. Les Mémoires disent que ce fut M. Thiers qui le fit passer de ce côté. Non ; il y était lorsque M. Thiers paraissait hésiter encore. Combien, sans se brouiller avec nous, il nous sut mauvais gré de ne pas être, en cette rencontre, avec lui !

Louis-Napoléon était élu ; il lui fallait des ministres. Les principaux partisans de son élection, MM. Thiers, Berryer, Molé, de Montalembert, de Broglie, etc., prévoyant le succès, s'étaient mis à l'œuvre avant que le résultat du scrutin fût connu. Ils avaient tout d'abord décidé que les chefs des divers partis conservateurs n'entreraient pas dans la combinaison ministérielle. Ces personnages craignaient de déroger en devenant les serviteurs de l'ancien prisonnier de Ham, qu'ils aimaient à regarder comme un aventurier sans valeur et sans avenir. De son côté, Louis-Napoléon, qui se réservait de jouer et même jouait déjà ces hommes habiles, ne se souciait point de leur confier les portefeuilles. Cela, en effet, aux yeux du public, l'eût annulé. Dans tous les actes du pouvoir, l'opinion eût vu les ministres, et non le Président. On convint donc aisément que, sauf M. Odilon Barrot, qui occupait une position mitoyenne entre les chefs et leurs lieutenants, le ministère serait composé d'hommes de second plan. M. de Falloux, qui venait dans le parti légitimiste après Berryer et dans le parti catholique après Montalembert, fut désigné pour le ministère de l'Instruction publique et des Cultes.

Mais cette combinaison put-elle aboutir sans difficulté ? Non. Cependant, elle ne se fit pas aussi difficilement qu'on l'a dit. Nous retrouvons sur ce point, dans les Mémoires, une histoire un peu trop arrangée et presque dramatisée, que nous avions déjà lue ailleurs. On y voit M. de Falloux se défendant avec une énergie et une modestie, toutes deux étonnantes, d'être ministre. Il oppose le refus le plus formel à M. Odilon Barrot et au Prince lui-même; il résiste aux assauts de Montalembert, aux instances du P. de Ravignan, aux mécontentements de M. Molé, aux raisons de M. Thiers ; il se claquemure chez lui, puis se cache chez M^me Swetchine, afin de n'être pas découvert et mis de force sur la liste ministérielle ; mais enfin, devant les remontrances cordiales, émues, patriotiques et catholiques de M. l'abbé Dupanloup, il se rend. Oui, foi des Mémoires, sans l'intervention de M. Dupanloup, M. de Falloux n'eût pas accepté le ministère. Et plus tard, à son tour, seul il pourra décider le prêtre éloquent, qui l'a forcé d'être ministre, à devenir évêque.

Quelle large part les hommes font au roman dans l'histoire, et surtout dans les Mémoires !

Que M. de Falloux n'ait pas accepté le ministère sans quelque crainte, sans un certain battement de cœur, c'est possible et même probable. Outre qu'il était un peu gêné vis à-vis du Prince pour lequel il n'avait pas voté, il ne pouvait se dissimuler qu'il aurait une besogne difficile et allait jouer une grosse partie. Mais de ces hésitations ou plutôt de ces inquiétudes, à l'état où il se montre dans son récit, il y a loin. Quelques-uns de ceux qui le virent alors, et dont il voulut plus ou moins sincèrement avoir l'avis, eurent d'autres impressions et ont porté d'autres témoignages. M. Odilon Barrot dans ses *Mémoires* parle de manière à prouver que M. de Falloux ne fut pas si résistant que cela. Après avoir raconté que l'on voulait faire entrer dans le premier cabinet napoléonien un député qui eût *la pleine confiance du parti légitimiste* et fût en même temps *relié aux idées de progrès et de liberté* nécessaires chez un *ministre de la République*, il dit que le choix tomba sur M. de Falloux, puis il ajoute : « M. de Falloux joignait à des convictions catholiques très prononcées des *sentiments libéraux incontestés*. Je le vis à cette occasion et fus assez heureux pour le décider à accepter. »

Ce tranquille langage ne donne pas l'idée d'une lutte. Cependant c'était à M. Barrot que M. de Falloux devait opposer un refus formel, et non au vénérable M. Molé, dont le rôle dans l'affaire était celui d'un avocat consultant, auquel on pouvait tout refuser sans rien exposer. Il ne semble pas non plus, que le futur ministre ait fait au Prince en personne une de ces résistances qui ne permettent pas d'insister, puisque celui-ci, après deux minutes de conversation, lui dit en le quittant : « J'espère que ce ne sera pas votre dernier mot. » Son espoir ne fut pas déçu. Enfin Louis Veuillot, et plus tard M. Eugène Loudun, secrétaire intime de M. de Falloux au ministère, ont raconté ceci : M. de Falloux, voulant s'assurer l'appui des catholiques notables, réunit divers d'entre eux et leur demanda s'il devait accepter un portefeuille, ajoutant que leur avis était le dernier qu'il voulût prendre et serait décisif. Quelques heures plus tard, il soumettait la même question à un autre petit conseil composé d'amis légitimistes et leur déclarait également que leur avis était le plus important et déciderait tout. Louis Veuillot faisait partie du conseil catholique ; il opina pour le refus. Son opinion, combattue avec des emportements d'éloquence et des larmes dans la voix, par M. l'abbé Dupanloup, écartée par le P. de Ravignan, repoussée par Montalembert, presque acceptée par Lenormand, avait évidemment gêné M. de Falloux.

Ce fut par M. Lubis, rédacteur en chef de l'*Union*, que le rédacteur en chef de l'*Univers* connut le fait de la réunion légitimiste. Aucun des deux journalistes ne fut surpris que M. de

Falloux, en tenant à l'un et à l'autre le même langage, eût, par cela même, manqué de sincérité envers tous deux.

Au fond, cette grande crainte d'être ministre et cette belle résistance dont les Mémoires parlent si amoureusement, ne parurent à la plupart des confidents qu'une coquetterie d'un goût douteux, qui, d'ailleurs, s'arrêterait à temps. Le R. P. de Ravignan et le comte Molé seuls, peut-être, la prirent absolument au sérieux. Il est certain que M. de Falloux, une fois ministre, nous montra la figure d'un homme heureux et non d'une victime. Il avait le droit d'être content. Le poste qu'il prenait était difficile, mais il y pouvait rendre de grands services. Lutter contre l'orage et faire avancer sa cause sont choses séduisantes pour l'homme qui se sent du mérite et de l'énergie. M. de Falloux était cet homme. Malheureusement il pouvait être aussi le libéral porté aux fâcheux compromis sur lequel M. Odilon Barrot, soufflé par M. Thiers, avait compté.

### CHAPITRE IV

## L'EXPÉDITION DE ROME[1]

A Rome, en janvier 1888, un prélat distingué et très au courant de la plupart des questions de ce temps me disait : « Quant aux doctrines et à la conduite politique, Falloux laissait fort à désirer ; mais il a fait, étant ministre, deux grandes choses : l'expédition de Rome en 1849, et en 1850 la loi de l'enseignement. »

Et, comme j'arrêtais mon interlocuteur par cette interjection répétée : Oh ! oh ! il parut fort étonné. C'est, qu'en effet, il est généralement reçu que l'expédition de Rome fut l'œuvre de M. de Falloux et que, sans lui, l'Université eût conservé le monopole de l'enseignement. Ses amis personnels et tous les tenants du libéralisme catholique ont tant de fois dit cela, que lui-même a cru, comme on dit au boulevard, que « c'était arrivé ».

1. Cette partie de mon travail ayant été dans le *Correspondant* l'objet d'une tentative de réfutation, j'ai fait à ce recueil une réponse que le lecteur trouvera plus loin, et qui complète ma première étude.

Eh bien! non, ce n'est pas arrivé. M. de Falloux n'a été pour rien — je dis *rien* — dans le *fait* même de l'expédition de Rome, et n'a eu qu'une action secondaire, louche et partagée sur « la question romaine », c'est-à-dire sur le rétablissement du trône pontifical. Quant à la loi de 1850, s'il y eut officiellement le premier rôle, il n'en fut ni le promoteur, ni le principal soutien. Il n'avait point compté non plus, ce qui s'appelle compté, parmi les catholiques auxquels on devait l'état d'esprit qui permettait de frapper le monopole universitaire. Mais parlons d'abord de l'expédition de Rome.

On apprit à Paris, le 26 novembre 1848, que le Pape était dans le Vatican prisonnier du parti révolutionnaire, qui, devenu le maître par un assassinat, avait proclamé la République. Tout aussitôt le gouvernement fut interpellé. Que ferez-vous pour protéger le chef de l'Église? lui demanda-t-on. Il répondit que M. de Corcelle partait pour Rome avec mandat « d'intervenir, au nom de la République française, pour faire rendre à Sa Sainteté sa liberté *personnelle*, si elle en avait été privée ». Une brigade, forte de 3,500 hommes, devait être mise à la disposition de l'envoyé français, sous la réserve qu'elle resterait dans le rayon de Cività-Vecchia et se bornerait à fournir, *en cas extrême*, à Pie IX le moyen de quitter ses États. Il s'agissait donc uniquement de protéger la *personne* du Pape. La République française offrait un asile au chef de l'Église, mais n'entendait pas intervenir dans la question romaine. Cela fut dit et redit dans deux séances de l'Assemblée, par le chef du pouvoir exécutif et son principal ministre, M. Dufaure.

Les chefs du parti révolutionnaire, MM. Ledru-Rollin, Quinet, Jules Favre, blâmèrent le gouvernement de ce qu'il avait fait; M. de Montalembert lui demanda de faire davantage : « La personne du Pape nous est infiniment chère et infiniment sacrée, dit-il; mais il y a quelque chose de plus cher et de plus sacré pour nous, c'est son autorité. Vous devez la protéger, le comprenez-vous? »

MM. Cavaignac et Dufaure firent des réponses fuyantes, d'où il résulta clairement pour tout le monde que la République française n'agirait pas contre la République romaine. M. de Falloux ne prit aucune part à cette discussion, dont le dernier mot fut un ordre du jour qui ratifia les *précautions prises* pour assurer la *liberté personnelle* du Saint-Père, et déclara qu'on pourrait s'occuper des *faits ultérieurs,* s'il s'en produisait.

Les choses en étaient là lorsqu'on apprit que Pie IX avait pu s'échapper de Rome. On crut qu'il viendrait en France, et le gouvernement se prépara de bonne grâce à le bien recevoir. L'expédition qui devait protéger sa *personne* devenait sans objet, et le général Cavaignac en fut très soulagé. Cependant la question des droits du souverain et de l'indépendance du pontife restait ouverte. Si M. Cavaignac, comme chef provisoire du gouvernement, pouvait l'écarter, il devait, comme candidat à la présidence de la République, en dire son avis. Il s'en garda bien. Son redoutable concurrent, Louis-Napoléon, ne paraissait pas non plus très pressé de parler. Il s'était même abstenu lors du vote qui avait ratifié les « précautions prises ». Cette abstention étant très commentée, il adressa au rédacteur en chef de l'*Univers* et porta lui-même à notre imprimerie la lettre suivante :

Paris, le 2 décembre 1848.

Monsieur le rédacteur,

Apprenant qu'on a remarqué mon abstention dans le vote relatif à l'expédition de Cività-Vecchia, je crois devoir déclarer que, tout en étant *décidé à appuyer* toutes les mesures propres à *garantir efficacement* la liberté *et l'autorité* du Souverain Pontife, je n'ai pas pu appuyer par mon vote une démonstration militaire qui me semble dangereuse même pour les *intérêts sacrés* qu'on voulait protéger, et de nature à compromettre la paix de l'Europe.

Recevez, Monsieur, etc.

LOUIS-NAPOLÉON BONAPARTE.

Cette déclaration, sans être suffisante, était bonne; elle disait que *l'autorité* du Pape devait être *garantie* comme sa liberté. Cinq jours plus tard, Louis-Napoléon prit un engagement plus formel. L'un des chefs de la révolution dans Rome était son cousin, le prince de Canino; il le désavoua près du Nonce apostolique par une lettre dont il nous donna communication, avec prière de la publier :

Monseigneur,

Je ne veux pas laisser accréditer auprès de vous les

bruits qui tendent à me rendre *complice* de la conduite que tient à Rome le prince de Canino.

Depuis longtemps je n'ai *aucune espèce de relation* avec le fils aîné de Lucien Bonaparte, et *je déplore de toute mon âme* qu'il n'ait point senti que le *maintien de la souveraineté temporelle* du chef vénérable de l'Église était intimement lié à l'éclat du catholicisme comme à la liberté et à l'indépendance de l'Italie.

Recevez, Monseigneur, etc.

LOUIS-NAPOLÉON BONAPARTE.

Ainsi Louis-Napoléon, candidat à la présidence de la République, réclamait le *maintien de la souveraineté temporelle* du chef de l'Église. M. de Falloux, hostile à la candidature du Prince, ne fut pour rien dans cette déclaration, alors si importante. Les hommes politiques qui la conseillèrent et l'obtinrent sans peine furent MM. de Montalembert et Thiers, peut-être aussi M. le comte Molé. On a dit que Louis-Napoléon avait pris cet engagement pour gagner les voix des catholiques; c'est possible. Mais c'était aussi dans ce but que le général Cavaignac avait parlé de protéger la *personne* du Saint-Père. Louis-Napoléon promettait beaucoup plus, et, cette fois, il tint ce qu'il avait promis.

Les *Mémoires d'un royaliste* faussent à dessein tous ces préliminaires de l'expédition de Rome. Cela devait être, car, s'ils disaient la vérité, la légende qui donne à M. de Falloux le mérite de cette expédition perdrait tout crédit. Non seulement ils taisent la vérité, mais ils arrangent les choses de telle sorte que, même quand ils ne mentent pas, ils font pénétrer le mensonge dans l'esprit du lecteur. Ainsi, de tout le débat où il fut établi que le gouvernement du général Cavaignac voulait uniquement s'occuper de la *personne* du Pape, rien de net ; et des déclarations du prince Louis-Napoléon en faveur de l'autorité du chef de l'Église et du maintien du pouvoir temporel, pas un mot. Il semble que, jusqu'au jour où M. le comte de Falloux put agir comme ministre, tout s'était borné à offrir au Saint-Père un asile en France. « Le général Cavaignac, disent les Mémoires, avait vivement pressé Pie IX d'accepter un asile en France, si le séjour de Rome devenait impossible, et le Président, ainsi que son ministère, demeuraient très fidèles à ce vœu. »

Quand le président Louis-Napoléon et son

ministère purent parler, le séjour de Rome était si bien devenu impossible à Pie IX que déjà il était à Gaëte. S'en tenir encore à lui offrir un asile eût été dérisoire.

M. de Falloux ne se borne pas à taire les déclarations de Louis-Napoléon afin de se donner le mérite d'avoir tout fait; il représente le Prince comme étant, jusqu'après son élection, resté d'accord, pour le fond des choses, avec son cousin, le prince de Canino et les triumvirs romains.

« Le président de la République, dit-il, avait été élevé dans les idées les plus antipathiques à la souveraineté temporelle des papes. Son frère et lui, dès leur jeunesse, avaient payé par une agression à main armée l'hospitalité que, depuis 1815, la famille impériale avait reçue de la générosité des souverains pontifes. Le prince de Canino, président de l'Assemblée romaine, affectait en toute rencontre la plus révoltante attitude. Le *Président n'allait pas aussi loin,* mais il n'allait pas non plus jusqu'aux sentiments d'une *réparation formelle et dévouée.* »

Que l'on se reporte aux deux lettres du Prince

citées plus haut, et l'on saura à peu près comment M. de Falloux écrit l'histoire.

Après avoir indiqué qu'il dut vaincre pour servir le Pape l'hostilité du Président, il passe en revue ses collègues du ministère, afin de faire croire que de ce côté aussi il rencontrait bien des difficultés. A l'entendre, ce fut son triomphe d'obtenir, sans avoir « blessé ou alarmé le Président », que la République française ne reconnût pas la République romaine. Non, le Président, qui, avant d'être élu, avait condamné la République romaine, ne songea pas à la reconnaître après son élection. Les *Mémoires* de M. Odilon Barrot le constatent expressément. On y lit, au tome III, page 145, que si M. de Falloux, obéissant aux *impatiences de son parti* et à ses propres convictions, pressait vivement le conseil d'intervenir pour rétablir le pouvoir du Pape, le Président n'était pas insensible à *l'honneur de rendre à la catholicité son chef aimé et vénéré*. M. Barrot explique ensuite les sentiments qui poussaient Louis-Napoléon à vouloir relever le trône pontifical. Il déclare aussi que tous les membres du conseil voulaient cette solution.

Nous ne pouvons suivre M. de Falloux dans les méandres où il s'engage afin d'égarer le lecteur et de grandir son rôle; il suffit de rappeler que Louis-Napoléon, d'accord avec ses ministres, n'admit pas un seul instant que tout fût dit sur la question romaine parce que le Pape était personnellement hors de danger. On concentra des troupes à Toulon, en vue non d'un simple débarquement à Cività-Vecchia, mais d'une marche sur Rome. Seulement la question ne relevait pas uniquement de la France. Le Pape, dès le 4 décembre, avait adressé aux puissances catholiques un appel qui n'était point resté sans réponse. L'Espagne, l'Autriche, Naples, se préparaient à intervenir « pour remettre le chef de l'Église dans un état d'indépendance et de dignité qui lui permît de remplir ses fonctions sacrées ». La France devait ou laisser faire, ou s'associer à cette intervention, ou s'y opposer par les armes. Louis-Napoléon n'eut ni l'idée de s'opposer, ni celle de rester neutre. Il voulut agir. Mais dans quelles conditions? Pourrait-on s'appuyer sur le Piémont? Y aurait-il action commune des puissances, ou entente pour marcher au même but simultanément et séparément?

Louis-Napoléon, dans des calculs faciles à comprendre de sa part et auxquels s'associèrent *tous* ses ministres, se prononça pour l'action séparée qui, certes, au point de vue des principes et quant à la promptitude des résultats, ne valait pas l'action commune. Il fut décidé que les Français paraîtraient agir seuls et occuperaient Cività-Vecchia, puis Rome. Les Autrichiens se chargèrent de tout le pays depuis Bologne et Ferrare jusqu'à Ancône, qu'ils assiégèrent; les Espagnols s'établirent à Terracine; les Napolitains entrèrent dans les États de l'Église par Velletri et battirent les mazziniens à Palestrina.

Tant que durèrent les négociations entre les puissances catholiques, M. de Falloux ne put avoir qu'une action très limitée, si limitée même qu'on n'en voit les effets nulle part. Sans doute, lorsqu'il y eut dissentiment ou hésitation sur des questions incidentes ou de détail, on le compta parmi les ministres qui voulaient aller vite; et quand des avis différents se produisirent, il dut soutenir le meilleur. Il y était porté à la fois par ses opinions, ses engagements et ses intérêts. Quelle force eût-il conservée dans le cabinet s'il avait cessé d'y défendre les 'opinions et d'y produire les revendications du parti qu'il y représentait? Mais ce rôle ne le mettait pas hors rang. Aussi ne peut-on trouver dans toute cette première phase de l'expédition de Rome un seul point grave sur lequel il ait influé d'une façon particulière et décisive. Il n'ose lui-même le prétendre formellement. Et qui croira que ce soit par modestie?

Tandis que les gouvernements négociaient et que les préparatifs militaires s'achevaient, nos révolutionnaires voulaient empêcher toute action de la France contre «leurs frères» de Rome. Ils combattaient violemment dans la presse tout projet d'intervention au profit du Pape et harcelaient les ministres d'interpellations sur l'état des choses. — On négocie, répondait le ministre des Affaires étrangères ou le Président du Conseil, et nous ne pouvons porter à la tribune les secrets de la diplomatie. Le 8 mars, un vote de l'Assemblée repoussa un ordre du jour qui eût gêné le gouvernement; trois semaines plus tard, sous le coup des impressions que causait la victoire des Autrichiens sur les Piémontais à

Novare, le ministère essuyait un échec ; mais le lendemain il obtenait un vote louche, dont il profita pour agir. M. de Falloux ne prit aucune part à ces diverses discussions.

Grande bataille de tribune le 18 avril. Cette fois, la question fut posée plus nettement. Le gouvernement demandait un crédit pour subvenir aux frais d'une intervention dans les États romains. M. Odilon Barrot, président du Conseil, osa déclarer que la République française n'entreprendrait pas de « sauver la République romaine », mais il n'alla pas jusqu'à dire carrément : « Nous l'attaquerons ! » Sa thèse fut que la France ne devait pas « permettre une restauration du Pape en dehors de son influence et de ses principes ». Au total, le gouvernement donnait à entendre qu'il tenait tout autant à contrecarrer l'Autriche qu'à servir le Souverain Pontife. Il le pensait bien un peu ; et puis c'était le moyen d'enlever le vote, et il l'enleva. L'expédition allait commencer. Cette fois encore, M. de Falloux ne dit mot.

Voilà les faits. Ils prouvent que durant cette phase, qui fut très difficile, M. Odilon Barrot et M. Drouyn de Lhuys payèrent de leurs personnes et surent exposer leurs portefeuilles; ils prouvent aussi que Louis-Napoléon, qui jouait gros jeu, car il pouvait perdre plus que tout autre, tint ses engagements. Quant à M. de Falloux, il eut certainement de bonnes intentions. D'après ses Mémoires, il aurait alors, dans des entretiens intimes, donné d'excellents avis au Président. Il lui aurait démontré, par exemple, que si l'intérêt français commandait de ne pas laisser l'Autriche dominer toute l'Italie, il ne fallait pas, d'autre part, compter sur le Piémont pour limiter à notre profit l'influence autrichienne. Ces propos étaient sages. Mais Louis-Napoléon comptait-il vraiment, de décembre 1848 à mars 1849, sur le Piémont pour renverser la République romaine et rendre au Pape ses États? Nous n'en croyons rien. D'abord, le terrain n'était pas libre, puisque déjà l'intervention des puissances catholiques était décidée, et cela avec l'assentiment de la Prusse et de la Russie. De plus, bien qu'il n'aimât pas l'Autriche, — que ses ministres n'aimaient pas non plus, — le Président ne nourrissait aucun projet d'entrer tout de suite en lutte armée contre elle. Enfin, il serait étrange que

M. de Falloux eût, même avant la bataille de Novare, tant combattu tout projet d'entente avec le Piémont, lui qui, dans un discours du 9 août 1849, reprocha très vivement aux républicains de n'avoir pas soutenu Charles-Albert, « l'épée de l'Italie », et de ne s'être pas armés de cette épée pour en faire l'*instrument de la délivrance* des Italiens.

Le 25 avril nos troupes occupaient Cività-Vecchia; le 30 elles se présentaient devant Rome, où elles comptaient entrer sans combat et essuyaient un échec. Grand tapage et grande joie dans tout le parti révolutionnaire. On conçut l'espoir de renverser le ministère et même le Président. Après une séance de jour très tumultueuse, l'Assemblée tint une séance de nuit plus tumultueuse encore, qui se termina, malgré de vigoureux discours de MM. Odilon Barrot et Drouyn de Lhuys, par un vote contre le gouvernement. L'armée, humiliée à Rome, était, à Paris, désavouée par l'Assemblée nationale. On put croire que la démagogie allait prendre le dessus. Mais le Président resta calme et fut ferme. Par exemple, il ne fut pas constitutionnel. Il répondit tout de suite et contre toutes les règles au vote de l'Assemblée par une lettre au commandant en chef de l'armée d'expédition, le général Oudinot. « Notre honneur militaire est engagé, lui disait-il ; je ne souffrirai pas qu'il reçoive aucune atteinte. Les renforts ne vous manqueront pas. Dites à vos soldats que j'apprécie leur bravoure, que je partage leurs peines, et qu'ils pourront toujours compter sur mon appui et ma reconnaissance. »

Nouvelle bataille de tribune au sujet de cette lettre. Ce fut M. Grévy qui ouvrit le feu. Le ministère se défendit en disant que la lettre du Président était un acte privé. L'affaire, malgré les efforts de M. Ledru-Rollin, se termina par un ajournement. Reprise de la lutte deux jours plus tard. Le débat, d'abord assez calme, devint des plus violents quand on apprit que le général Changarnier, commandant de l'armée de Paris, avait mis à l'ordre du jour, avec commentaires aggravants, la lettre de Louis-Napoléon au général Oudinot. Le vote donna gain de cause au gouvernement.

Les *Mémoires d'un royaliste*, tout en prêtant des mobiles très personnels au Président, reconnaissent que ce coup, frappé sans l'assentiment du Conseil, était d'une grande hardiesse. Il ne fut pas seulement hardi ; il eut, en outre, le mérite de bien établir aux yeux de tous que l'expédition de Rome avait pour but la restauration du Pape. Or M. de Falloux n'eut aucune part à cet acte décisif.

Le 3 juin, l'armée française remporta un succès qui présageait la chute prochaine de la République romaine. Nos révolutionnaires, enfin convaincus que le gouvernement pousserait l'entreprise jusqu'au bout, décidèrent d'en appeler aux armes et, après deux ou trois jours de débats très orageux dans la Chambre, une tentative d'insurrection eut lieu. M. de Falloux, cette fois encore, s'abstint de parler. Ce silence persévérant n'accuse pas son courage ; il se taisait parce que sa parole eût irrité la gauche sans fortifier la droite. Il ne pouvait rien en effet sur la Chambre. Si cette impuissance explique son silence, elle ne saurait donner une raison de dire qu'il a tout fait.

C'est le 3 juillet que notre armée entra dans Rome. Le général Oudinot, répondant aux adresses et discours des représentants ou sujets du Pape, déclara que la France avait voulu rétablir le pouvoir temporel du chef de l'Église, et était heureuse d'avoir accompli « cette œuvre à la fois sociale et religieuse ».

L'armée avait achevé sa tâche, mais la politique n'avait pas dit son dernier mot. Nous verrons si le rôle de M. de Falloux, très effacé jusqu'à la prise de Rome, prendra plus d'importance et méritera tout particulièrement la reconnaissance des catholiques lorsqu'il s'agira de rendre au Pape avec ses États son autorité.

### CHAPITRE V

## LA QUESTION ROMAINE

Louis-Napoléon et ses ministres, en même temps qu'ils avaient unanimement résolu de relever le trône pontifical, s'étaient promis, également à l'unanimité, d'imposer à Pie IX des réformes libérales. Ils voulaient se glorifier d'avoir, du même coup, rendu au Saint-Père ses Etats et donné aux Romains la liberté. M. de Falloux était, sur ce point, pleinement d'accord avec ses collègues. Déjà, comme le P. Lacordaire, il voyait dans le gouvernement pontifical « un gouvernement d'ancien régime » qu'il fallait réformer.

Quelles réformes demandaient donc le Président et ses ministres? Oh! simplement que le Pape abdiquât sous la pression et même sur les ordres de la France, non pas ses droits, mais une partie notable de son pouvoir. Il devait se préparer à devenir roi constitutionnel. Et cela, non pas de lui-même, mais parce que la France, affichant à la fois avec hauteur ses défiances à son autorité, entendait qu'il y eût à Rome « un gouvernement libéral et digne des lumières du siècle ». Voici quels étaient, en substance, les principaux articles de ce programme :

*Organisation nouvelle des tribunaux donnant de véritables garanties judiciaires aux citoyens.*

Ainsi le Pape devait proclamer que jusqu'alors à Rome la justice n'avait pas été vraiment la justice.

*Lois civiles tirées de notre code civil.*

*Assemblées provinciales et communales élues.*

*Sécularisation de l'administration publique.*

*Assemblée élue par des corps locaux ayant le vote délibératif en manière d'impôt.*

*Amnistie générale*, sauf des exceptions nominatives.

Et il fallait que le Pape prît sur tous ces points un *engagement formel* dans un *document public*.

Au lendemain d'une révolution longtemps triomphante, de telles concessions, faites par le Pape lui-même en pleine liberté, eussent créé une situation des plus périlleuses ; imposées par un gouvernement étranger et matériellement maître de Rome, elles ruinaient l'autorité pontificale.

Si M. de Falloux ne vit pas cela, ses vues politiques étaient courtes; s'il le vit et passa outre, il tenait trop à rester ministre, ou poussait le libéralisme jusqu'à l'oubli des droits et des besoins du Saint-Siège.

Pie IX répondit qu'il y avait des réformes à faire et qu'il les ferait. Seulement, ajouta-t-il, je n'entends pas me laisser imposer un programme par une puissance qui parle en s'appuyant sur une armée de 30,000 hommes. « Si je fais quelque chose de bon, ne faut-il pas que mes actes soient spontanés et aient l'apparence de l'être? Ne connaissez-vous pas mes intentions? Ne sont-elles pas rassurantes!...» Le gouvernement français est parfaitement maître de faire de mes déclarations l'usage qui lui paraîtra le plus convenable; mais la *manifestation publique* qu'il veut de ma part, je la refuse.

Les exigences du gouvernement étaient d'autant plus répréhensibles qu'elles n'exprimaient pas les opinions du pays et ne répondaient plus aux tendances de la Chambre. L'expédition de Rome, bien que très populaire dès le début, n'avait jamais eu le plein appui de l'Assemblée constituante. La majorité l'avait subie, en gardant toujours l'espoir de la faire dévier. Mais la situation fut tout autre après les élections de mai 1849. Cette fois, la majorité appartenait sans conteste au parti de l'ordre et était ouvertement favorable, comme le pays lui-même, au rétablissement du pouvoir temporel. Aussi M. de Falloux, sûr d'être écouté avec faveur, résolut-il de parler enfin sur la question romaine. Il le fit dans la séance du 7 août, à propos d'une interpellation de M. Arnaud (de l'Ariège), un catholique de l'école démocratique. Son discours eut un succès très grand et à quelques égards très mérité. Nous venons d'en relire quelques pages. C'est une œuvre toujours habile, souvent éloquente et élevée. On y pourrait signaler des redondances, de la recherche et des équivoques; mais l'ensemble est d'un orateur, d'un politique et d'un catholique. Seulement ce catholique était libéral, ce politique était rusé, et toute la vérité ne fut pointe dite. On ne sut pas au juste par ce discours quels dissentiments existaient entre le Pape et nos gouvernants. Le débat, auquel d'autres orateurs prirent part, se termina, comme on n'en pouvait douter, par un vote excellent, 428 voix contre 176 ratifièrent, aux applaudissements de la France, l'expédition de Rome et le rétablissement du pouvoir temporel.

Le gouvernement était maître de la situation. Il continua néanmoins d'insister près du Pape pour obtenir des engagements formels et publics, contraires à la dignité de Pie IX et destructeurs de la souveraineté pontificale. Son insistance fut vaine. Alors Louis-Napoléon, sûr de l'adhésion de tous ses ministres, jugea bon d'intervenir personnellement. Il le fit par une lettre à son aide de camp, le lieutenant-colonel Ney, en mission à Rome. Cette lettre hautaine et déplacée affectait de mettre Pie IX hors de cause, pour s'en prendre à la commission cardinalice qui le représentait à Rome. Elle prétendait que des *passions et des influences hostiles* voulaient donner « comme base à la rentrée du Pape la proscription et la tyrannie ». Après cette grosse phrase, il y en avait d'autres non moins fausses et non moins sottes. Par exemple, Louis-Napoléon déclarait que nos armes avaient, sous l'Empire, laissé « partout comme trace de leur passage la destruction des abus de la féodalité et les germes de la liberté » ; puis il ajoutait : « Nous devons obtenir en 1849 les mêmes résultats. »

Ces résultats, qu'il fallait obtenir, le Président les indiquait en vingt mots :

« Je résume ainsi le rétablissement du pouvoir temporel du Pape : *Amnistie générale, sécularisation de l'administration, code Napoléon et gouvernement libéral.* »

Comme forme et fond, cette lettre fit grand tapage. Était-ce un acte personnel du Président ou l'expression emportée des intentions du gouvernement ? C'était ces deux choses à la fois. Que l'on compare le programme sommaire formulé par Louis-Napoléon aux instructions données à nos représentants près du Pape, et l'identité sera évidente. *Sécularisation, code civil* ou *code Napoléon, gouvernement libéral, amnistie,* sont le fond de celles-ci comme de celui-là. La forme seule diffère, et ici le fond emporte la forme.

Les révolutionnaires acclamèrent la lettre présidentielle, les catholiques en furent indignés. Tout de suite cette question fut posée : Les ministres ont-ils connu avant sa publication l'acte du Prince et l'approuvent-ils ? Les uns disaient oui, les autres non. Voici ce que dit l'*Univers* :

« Nous devons croire que tous les ministres n'ont pas été consultés. Il y a parmi eux un catholique qui ne peut accepter aucune part de responsabilité, aucune complicité directe ou indirecte dans un acte de cette nature. »

Nous nous trompions : M. de Falloux avait connu et accepté la lettre du Président. Il ne l'avoua point tout de suite. Loin de là, ses confidents se hâtèrent de lui donner une attitude d'opposant. Ses collègues, particulièrement M. Dufaure, trouvant la chose par trop déloyale, firent publier dans la *Patrie*, alors journal semi-officiel du soir, une note qui se terminait ainsi : « M. de Falloux assistait au Conseil des ministres, auquel M. le Président a communiqué sa lettre ; M. de Falloux a donné à cette lettre *la plus entière approbation*. »

Le coup était rude. N'ayant pu le parer, M. de Falloux voulut au moins l'adoucir. Il obtint de ces collègues l'insertion dans le *Moniteur*, non pas d'un démenti — il n'y avait pas lieu de démentir — mais d'un lénitif, disant : 1° si la note de la *Patrie* avait été communiquée à M. Falloux, il n'eût pu en autoriser *les termes*; 2° la communication de la lettre du Président avait été purement officieuse et excluait toute idée de publicité.

Le fond était avoué. M. de Falloux avait, comme ses collègues, connu la lettre du Président, et comme eux lui avait donné un laissez-passer. Seulement, il n'aurait pas voulu que le fait fût constaté en *termes* précis; de plus, il avait cru, en homme naïf, que ce document si manifestement écrit pour le public, ne recevrait pas *de publicité*. Était-ce, pour un catholique, une raison de l'accepter? Ces explications fallacieuses firent sourire, et M. de Falloux, plus ou moins malade, mais certainement démonté, alla prendre du repos à la campagne.

M. Odilon Barrot, dans le troisième volume de ses Mémoires, parle à deux ou trois reprises de cet incident, et chaque fois il affirme avec preuves à l'appui, que la lettre du Président *exprimait les sentiments de ses ministres comme les siens*; elle « ne contenait rien, répète-t-il, qui ne fût dans les instructions données à nos agents ». Le ministre des Affaires étrangères,

M. de Tocqueville, avait d'ailleurs fait, au nom de tout le cabinet, la même déclaration à la tribune. Cette lettre, s'écria-t-il un jour, a traduit *notre politique* en langage familier, « dans un élan généreux et fier. Nous ne l'avons jamais désavouée, nous ne la désavouerons jamais. » Il résulte aussi des Mémoires de M. Barrot que ni lui ni ses collègues, sauf, bien entendu, l'innocent M. de Falloux, ne furent surpris de la publicité donnée à ce résumé *généreux* et *fier* de leur politique.

Les *Mémoires d'un royaliste* sont sur cette grosse affaire très incomplets et fort embarrassés, M. de Falloux reconnaît que la lettre lui fut d'abord communiquée par M. de Tocqueville, puis qu'elle fut ensuite lue à tout le Conseil et s'il prétend qu'elle ne lui plut guère, il avoue, non sans circonlocutions et explications, qu'il n'y fit pas opposition. La vérité, c'est qu'il l'accepta pleinement.

Pour s'excuser de cette faiblesse, il se montre donnant entre-temps à la Nonciature et par suite au Pape de bons avis, qu'on ne suivait pas, et cherchant, sans y réussir, à modérer les impatiences de ses collègues, échos eux-mêmes des impatiences du Président. Ainsi, durant cette crise, M. de Falloux, d'après les involontaires aveux de son maladroit et déloyal plaidoyer, n'exerça sur personne, ni à Paris, ni à Rome, ni à Gaëte, une action sérieuse et soutenue. Mais alors, comment admettre que nul en 1849 ne contribua autant que lui à relever le trône pontifical ?

M. de Falloux n'eut certes pas à se plaindre de l'*Univers* durant tout ce conflit. Sans doute, nous fûmes trop prompts à le garantir, et cet excès de confiance dut le gêner, mais nos intentions étaient bonnes. Nous aurions pu montrer le côté fâcheux de son rôle ; nous préférâmes accepter ses explications et, quand il parla, il eut nos éloges.

Pie IX, libre de tout engagement, décréta bientôt les réformes qu'il jugeait utile et y joignit une large amnistie. Nos gouvernants trouvèrent qu'il n'en faisait pas assez. Ils tenaient toujours pour la lettre du Président. La Chambre fut d'un autre avis. Après une longue et belle discussion, dont M. Thiers, M. de la Rozière et, surtout, M. de Montalembert, eurent l'honneur, elle reconnut par son vote que le

Pape avait fait ce qu'il fallait faire. On prétendit alors que le Président maintiendrait la politique de sa lettre contre celle de la Chambre. On se trompait. Il ne rentra dans cette mauvaise voie qu'après la guerre de Crimée[1].

Nous aurions bien d'autres choses à dire sur toutes ces questions, mais notre but n'est pas de refaire l'histoire de l'expédition de Rome ; nous voulons seulement en finir avec la légende qui donne à M. de Falloux l'honneur de cette expédition, légende que les *Mémoires d'un royaliste* s'efforcent d'accréditer.

Ainsi leur auteur y déclare qu'il se crut libre de quitter le ministère en octobre 1849, parce que la restauration du Souverain Pontife à Rome, l'un des deux *grands intérêts* qui lui

---

[1]. M. Odilon Barot a fait à ce sujet la remarque suivante : « ... Il n'est que trop certain, et les événements qui ont suivi l'ont bien prouvé, que tout ce bruit fait (par Louis-Napoléon) pour assurer aux Romains un gouvernement libre, n'était pour lui qu'un moyen politique de se poser en face du pays et de compromettre la majorité de l'Assemblée ; car le jeu une fois joué, le Président étant ressaisi par la chute du ministère de sa pleine liberté d'action, rien n'a été fait par lui ou ses nouveaux ministres ; les négociations que nous avons mentionnées ont même été abandonnées. » *Mémoires posthumes*, t. III, p. 471-72.

5.

avaient fait accepter le portefeuille, était désormais *en sûreté*, et que, *fort heureux des résultats obtenus*, il ne croyait plus sa présence nécessaire dans le cabinet, et n'avait ni la *présomption ni l'ambition de rêver d'autres succès.*

Ce récit est trop arrangé ou dénonce une mémoire défaillante. D'abord la situation ministérielle de M. de Falloux était devenue très fausse. Quelle attitude, par exemple, eût-il pu prendre dans ce dernier débat sur Rome où le cabinet, dont il était un des notables, devait se montrer moins favorable que la Chambre aux droits du Pape? Quand Talleyrand s'effaçait pour cause de santé, on disait : « Quel intérêt peut donc avoir M. de Talleyrand à être malade? » Mais ici l'intérêt de M. de Falloux à ne point paraître était si évident, que personne — ni amis ni adversaires — ne demanda pourquoi la maladie le retenait à la campagne.

Et puis, il ne dépendait pas de lui de garder son portefeuille puisque le Président, avant d'avoir reçu sa démission, la lui avait demandée.

Résumons toute cette étude.

La résolution de protéger la *personne* du Pape contre les révolutionnaires, maîtres de Rome, fut prise par le général Cavaignac et ses ministres, sans que M. de Falloux y eût la moindre part.

Il ne fut absolument pour rien, non plus, dans les déclarations par lesquelles Louis-Napoléon proclama la nécessité de défendre l'*autorité* du *Souverain Pontife* et de *maintenir le pouvoir temporel*.

Or, de même que le projet du général Cavaignac fut l'embryon de l'expédition romaine, les déclarations de Louis-Napoléon, candidat à la présidence, montrèrent que le couronnement de cette expédition devait être, s'il était élu, le relèvement du trône pontifical. La question fut donc engagée et le but en fut marqué en dehors de toute action de M. de Falloux, et alors qu'on ne savait pas encore s'il serait ministre.

Le premier cabinet de Louis-Napoléon, cabinet formé sur les conseils de MM. Thiers, Molé, de Montalembert, Berryer, prit tout de suite, d'accord avec le président, la résolution de rendre Rome au Chef de l'Eglise. Il y eut toujours sur ce point accord dans le Conseil. Si M. de Falloux et deux au moins de ses collègues se montrèrent plus pressés que d'autres d'arriver au but, il y avait unanimité pour y marcher.

Lorsque des difficultés militaires et politiques entravèrent l'expédition, nul des ministres ne montra, contre les clameurs de la Chambre et les menaces de la rue, plus de fermeté que Louis-Napoléon. M. de Falloux ne conseilla pas et n'eût pas conseillé la lettre du Président au général Oudinot.

Les grands combats de tribune, ceux où l'on pouvait périr, furent livrés par MM. Barrot et Drouyn de Lhuys, non par M. de Falloux.

Si le gouvernement français eut une attitude fâcheuse dans les négociations avec les autres puissances catholiques, ce fut la faute commune du Président et de tous ses ministres. Tous, en effet, M. de Falloux comme les autres, voulaient écarter l'Autriche.

Il y eut aussi, hélas! accord entre les ministres et le Président pour imposer au Pape d'inacceptables conditions. M. de Falloux, oubliant qu'il était dans le cabinet moins l'homme de ses idées particulières que du parti catholique, voulait, lui aussi, que le gouvernement pontifical devînt un gouvernement libéral. Il adhéra donc à tout le mauvais travail qui se fit dans ce but. Il avait trouvé bon que nos ambassadeurs eussent mandat de forcer la main au Saint-Père, et il ratifia la détestable lettre de Louis-Napoléon au lieutenant-colonel Ney. En somme, il comprenait la restauration du Pape comme il comprit plus tard celle du Roi.

Voilà les faits. Ils permettent de laisser à M. de Falloux une bonne part dans le bien qui se fit alors, mais ils prouvent péremptoirement que l'expédition de Rome ne fut pas son œuvre. Il n'y fut pour rien au début, il n'eut qu'une action secondaire sur sa conduite, et, si ses avis avaient prévalu au dénouement, la restauration pontificale se serait faite dans de mauvaises conditions.

En 1859, j'eus avec lui une polémique à ce sujet. Pressé de répondre aux faits que j'avais rappelés, aux documents que j'avais produits, il s'esquiva en déclarant avec hauteur qu'il réfuterait tout, mais à son heure. « Je crois de mon devoir, m'écrivait-il, de renoncer *pour aujourd'hui* à toute défense qui n'aurait que mon propre intérêt pour but. »

Ce *pour aujourd'hui*, qu'il avait souligné à

titre de menace, a duré toute sa vie. Les temps ont changé, la question a été reprise, et M. de Falloux, laissant sa parole en souffrance, n'a pas donné les explications promises. On ne les trouve pas, non plus, dans les *Mémoires d'un royaliste*. Elles n'y pouvaient être, le rôle de M. de Falloux ayant été celui que **nous venons** de montrer, et non celui qu'il s'est attribué.

### CHAPITRE VI

## RÉPONSE A UN PLAIDOYER DU *CORRESPONDANT*

### AU SUJET DE L'EXPÉDITION DE ROME [1]

Le *Correspondant* n'a pas goûté nos articles sur les *Mémoires d'un royaliste*. Si nous devions l'en croire, il pourrait nous réfuter d'un bout à l'autre, mais il y renonce par horreur de la dispute et pour se conformer aux intentions du Pape, qui désire entre les catholiques la paix.

Ce langage ne trompera personne. Si le *Correspondant* avait voulu la paix, il n'aurait pas publié de nombreux chapitres des *Mémoires d'un royaliste*, et loué sans nulle réserve cette œuvre de guerre, de vilaine guerre, car le comte de Falloux et par conséquent ceux qui lui font écho, se servent d'armes prohibées. Quant aux intentions du Pape, il fallait se les rappeler avant de porter les premiers coups, et

1. Le *Correspondant* ayant prétendu, dans ses livraisons des 25 mai et 10 juin, que mon étude sur l'expédition de Rome ne faisait pas une assez large part à M. de Falloux, j'ai, par la réponse que je donne ici, justifié et complété tout mon récit.

non pas les invoquer pour se mettre à l'abri de rectifications légitimes et nécessaires. Le Pape blâme d'injustes agressions et regrette d'inutiles polémiques ; il n'interdit ni de rétablir la vérité sur des faits historiques audacieusement faussés, ni de protéger contre d'indignes outrages des catholiques qui ont bien servi l'Église.

La tardive sagesse du *Correspondant* n'est que de l'impuissance. Il se tait sur la plupart de nos réfutations et de nos accusations, parce qu'il ne sait comment y répondre. Jugeant le terrain de l'expédition de Rome plus facile à défendre, il s'y est établi. Nous allons l'en débusquer.

Nous avons dit que M. de Falloux, tant de fois glorifié comme ayant fait l'expédition de Rome, n'avait nullement eu ce grand rôle ; puis, rappelant les négociations diplomatiques, les débats des Chambres, les déclarations officielles, les témoignages authentiques et contrôlables d'hommes publics mêlés à ces grandes luttes, nous avons donné à M. de Falloux sa juste part dans une œuvre commune à tant d'autres. Cette part s'est trouvée modeste.

Le héros du *Correspondant,* au lieu de rester en vedette, comme l'acteur de qui vient tout le succès, passait au second rang. Si nous constations qu'il avait *vivement pressé le Conseil d'intervenir pour rétablir le pouvoir du Pape, et qu'on le compta parmi les ministres qui voulaient aller vite,* nous disions aussi que cette expédition, acceptée éventuellement en dehors de lui, par de plus influents que lui, se serait faite sans lui. Nous ajoutions que tous les ministres, ses collègues, d'accord avec Louis-Napoléon, voulaient, eux aussi, résoudre la question romaine par le rétablissement du trône pontifical.

Si tous voulaient cette solution, voilà le rôle de M. de Falloux bien amoindri. Comment le glorifier d'avoir, à force de persévérance, d'habileté, de fermeté, de zèle, amené ses collègues à des opinions qu'ils avaient déjà? Enfoncer une porte ouverte ne fut jamais un grand exploit. Le *Correspondant* l'a compris, et voici de quelle façon il tourne la difficulté. Ecartant les documents qui le gênent, prenant dans nos articles deux membres de phrases, au total quinze mots, et les rapprochant de huit lignes des Mémoires

de M. Barrot, coupées et rejointes arbitrairement, il nous accuse d'avoir invoqué à faux
l'ancien président du Conseil.

Voici ce passage de son article, tel qu'il l'a
souligné :

« M. Eugène Veuillot assure que, d'après les
*Mémoires* de M. Odilon Barrot, TOUS LES MEM-
BRES DU CONSEIL *voulaient relever le trône pontifical, qu'ils voulaient tous cette solution*. Il en
conclut naturellement que M. de Falloux n'y a
pas eu plus de mérite qu'un autre. M. Veuillot
se trompe. M. Barrot dit absolument le contraire. Voici le passage des *Mémoires* que nous
transcrivons textuellement (t. III, p. 146) : « CETTE
INTERVENTION ÉTAIT REPOUSSÉE PAR LA MAJORITÉ
DU CABINET. Ce n'est pas que nous ayons une
grande sympathie pour cette république qui
venait de s'inaugurer par de détestables violences, ni même que nous eussions la moindre
foi dans sa durée ; mais c'était chose grave d'aller nous interposer entre le Pape et les Romains. »

Même ainsi arrangés et présentés, le texte de
l'*Univers* et celui de M. Barrot ne sont pas en
désaccord. Ils portent sur des faits différents.

L'*Univers*, parlant de la solution qu'il fallait donner à la question romaine, assure que les ministres voulaient tous que cette solution fût le rétablissement du trône pontifical. M. Barrot, parlant des débats parlementaires sur les affaires de Rome, rapporte qu'à la date où M. Ledru-Rollin dénonçait l'intervention armée de la France contre la République romaine comme en voie d'exécution, ce moyen énergique d'arriver au but était encore repoussé par la majorité du Conseil.

Où est la contradiction ? Nulle part nous n'avons dit que les ministres avaient toujours été d'accord pour intervenir au plus vite à main armée. De son côté, M. Odilon Barrot ne présente pas l'opposition, qu'à cette date l'intervention rencontrait dans le Conseil, comme un acte hostile à la restauration du pouvoir temporel. C'est qu'en effet il n'y avait nul dissentiment sur ce point. Tous voulaient que Rome fût rendue au Chef de l'Église. Seulement les uns demandaient qu'on se pressât, les autres qu'on temporisât. Ces différences d'allures, faciles à expliquer par l'état des choses à l'intérieur et à l'extérieur, nous les avons marquées dans nos articles, sans négliger de dire que M. de Falloux avait été, comme le commandaient ses convictions et ses intérêts, du meilleur côté.

Mais ce n'est pas assez pour le *Correspondant*, il veut que M. de Falloux ait conquis au pouvoir temporel des ministres qui lui étaient hostiles et décidé une intervention qui sans lui, à l'entendre, n'eût pas eu lieu. Nous ne pouvons lui accorder cela. Tous les documents authentiques et contrôlables s'y opposent. Consultez les débats parlementaires, les dépêches diplomatiques, les actes officiels, les pièces autorisées, et vous reconnaîtrez que M. de Falloux n'a eu dans cette grande affaire aucune initiative capitale. Il a poussé à la roue, mais d'autres, plus influents que lui, étaient devant lui et tenaient les rênes.

Quoi qu'en dise le *Correspondant*, celui des membres du gouvernement qui le premier réclama le rétablissement du pouvoir temporel fut Louis-Napoléon. Les pièces sont là, et si l'on peut les dédaigner, on ne peut les annuler. La première est du 2 décembre 1848, l'autre est du 7. Elles disent clairement que le Pape doit être roi; qu'au lieu de s'en tenir à protéger sa personne, comme le voulait M. Cavaignac, il faut protéger son *autorité*. Ces déclarations, que le *Correspondant* se garde trop habilement de reproduire et affecte puérilement de mettre en doute, Louis-Napoléon, qui les avait faites étant candidat, s'y tint quand il fut élu. Son premier ministère, formé d'accord avec les chefs des groupes conservateurs, n'était certes pas, dans son ensemble, un ministère catholique; mais tous ses membres, même M. Passy, resté étroitement libéral, condamnaient la République romaine et s'associaient aux déclarations du Président en faveur du pouvoir temporel. M. de Falloux, qui dans ses Mémoires insinue le contraire, l'a reconnu dans une note de ses *Discours et Mélanges politiques*. Il y dit que « le premier ministère de Louis-Napoléon Bonaparte entrait *pleinement* dans la pensée politique que M. de Corcelle représentait à Gaëte ». (T. I<sup>er</sup>, p. 262.)

Un acte décisif marqua très vite les dispositions du nouveau gouvernement. La République romaine avait envoyé des ambassadeurs à Paris, afin de se faire reconnaître par la République

française. Le Président et les ministres refusè-
rent de les recevoir. Les *Mémoires d'un royaliste* donnent à entendre que ce fut là un premier succès de M. de Falloux. Les Mémoires
de M. Barrot (t. III, p. 140, 141) écartent absolument cette version. Le livre de M. le comte
Bernard d'Harcourt : *Les Quatre Ministères de
M. Drouin de Lhuys*, l'écarte aussi. Personne
dans le Conseil n'admettait qu'on pût reconnaître le gouvernement établi à Rome. Il .fut
résolu, dit M. Barrot, que cela serait déclaré
*péremptoirement*. Et, en effet, M. Drouin de
Lhuys, ministre des Affaires étrangères, tint sur
ce point à la tribune un langage péremptoire ;
il indiqua même, au nom du gouvernement, que
la France entendait travailler au rétablissement
du *pouvoir temporel*. Elle *choisira son jour et
son heure pour agir*, ajouta-t-il. La question fut
donc tout de suite posée en bons termes et sans
que M. de Falloux y eût d'autre part qu'une
adhésion certainement empressée.

Cette volonté d'aider à relever le trône pontifical, le gouvernement la laissa voir chaque
fois qu'il y eut débat sur la question romaine.
M. Barrot le rappelle en divers endroits de ses

Mémoires, et il ressort de son langage que le Président restait fidèle à ses premières déclarations. A l'endroit même où M. Barrot dit que M. de Falloux, *obéissant aux impatiences de son parti* et à ses propres convictions, poussait ferme à l'intervention, il rappelle que le Président, *de son côté*, demandait qu'on *rendît à la catholicité son chef aimé et vénéré.*

Les *Mémoires d'un royaliste* disent que dès cette époque Louis-Napoléon se proposait d'agir sur l'Italie par le Piémont, et que M. de Falloux l'en détourna. Le *Correspondant* en conclut que, sans l'heureuse intervention du jeune ministre, la maison de Savoie se fût emparée dix ans plus tôt des États du Pape. Cette conclusion est fort arbitraire. D'abord l'idée de favoriser le Piémont contre l'Autriche était alors assez générale en France. Elle avait beaucoup d'adhérents, même parmi les conservateurs. Les ministres de Louis-Napoléon, s'ils n'osaient pas en faire la base de leur politique, ne songeaient guère à la condamner. M. de Falloux pensait, ou du moins paraissait penser comme ses collègues. En effet, au lendemain de la bataille de Novare, il se déclara comme eux, par une communication de tout le ministère, prêt à jeter la France dans la guerre pour *sauvegarder l'intégrité du territoire piémontais*, et un peu plus tard il reprocha à nos révolutionnaires de n'avoir pas compris que Charles-Albert était « l'épée de l'Italie ». Enfin, il est établi dans *les Quatre Ministères de M. Drouin de Lhuy* (p. 19) que tout le Conseil, M. de Falloux compris, voulait agir en Italie par le Piémont. C'est une dépêche officielle datée du 22 février 1849 qui le dit.

Il ne faut pas, du reste, comme le font les *Mémoires d'un royaliste* et le *Correspondant*, juger le Piémont de 1849 d'après sa conduite ultérieure. Malgré ses alliances avec la Révolution et de déplorables lois contre les droits de l'Église, Charles-Albert ne songeait pas à détruire le pouvoir temporel. Il voulait chasser de l'Italie les Autrichiens, mettre « dehors les barbares », agrandir ses États et s'arrêter. Ce programme, gros de risques, mais conforme aux traditions de la politique française, Louis-Napoléon et ses ministres, — tous ses ministres —l'approuvaient en principe. Seulement, Président et ministres l'écartaient comme inoppor-

tun. Aussi, M. Odilon Barrot put-il déclarer à
la Chambre que « le gouvernement piémontais
(par sa prise d'armes) avait méconnu les conseils de la France ». M. de Falloux, en cette
affaire, ne sortit point du rang. S'il dit le contraire dans ses Mémoires, c'est sur la seule
autorité de sa parole ; chose insuffisante. Les
documents, d'ailleurs, lui donnent un démenti.

Par leur victoire de Novare, les Autrichiens
étaient devenus sans conteste les maîtres de
l'Italie ; il ne leur restait plus qu'à le vouloir
pour rendre au Pape tous ses États, et ils le
voulaient. La France, qui avait revendiqué le
droit d'intervenir à Rome pour y rétablir l'autorité pontificale, devait donc se presser d'agir ;
sinon l'Autriche, aidée, au besoin ou pour la
forme, des troupes espagnoles et napolitaines
déjà entrées sur le territoire romain, achevait
sans nous l'œuvre commencée. L'intérêt natio-
nal s'unissait à l'intérêt religieux pour commander l'action. Le parti de la temporisation,
qui n'avait jamais été un parti d'opposition, ne
compta plus dans le Conseil, et l'armée française
marcha sur Rome pour y faire rentrer Pie IX.

Cette intervention armée, le gouvernement

6

français avait indiqué *dès le* 30 *janvier* 1849, par une dépêche de M. Drouin de Lhuys au duc d'Harcourt, qu'il était disposé à la faire.

Les Mémoires de M. Odilon Barrot donnent beaucoup de détails sur tout ce qui se passa alors. On n'y voit nulle part l'indice d'une action séparée et prépondérante de M. de Falloux. En revanche, il y est rappelé dix fois que le ministère avait toujours voulu rétablir le pouvoir temporel. Il y est constaté aussi que tout le parti conservateur et bon nombre de républicains modérés attendaient ce rétablissement. Et nul moyen de prétendre que M. de Falloux était pour quelque chose dans ce mouvement salutaire, car tant que dura la crise il se tut. Si le *Correspondant* ou l'un de ses auxiliaires, *Moniteur de Rome, Union de l'Ouest, Défense,* veut contrôler nos assertions, qu'il prenne le troisième volume des Mémoires de l'ancien président du Conseil et le lise, de la page 140 à la page 236 ; il sera édifié. Il y verra (p. 144) M. Coquerel, républicain modéré et pasteur luthérien, approuver, comme beaucoup de ses amis politiques, les bonnes intentions du gouvernement au sujet du Pape et l'exciter même à les réaliser; il y entendra M. Barrot émettre des vues droites sur l'indépendance de la Papauté et rappeler qu'il sut dire tout de suite aux radicaux : « La présence du Nonce à Paris annonce assez quel est pour nous le souverain reconnu des États romains; » puis (p. 198) que le gouvernement français ne voulait *ni reconnaître la République romaine ni s'abstenir, ce qui impliquait* (c'est toujours M. Barrot qui parle) *inévitablement une intervention forcée.* » Page 200 : « La question catholique était, au moins pour le parti conservateur, la principale cause de l'intervention »; page 201, citation d'un document où il est expliqué que cette intervention devra rétablir le Pape *dans l'indépendance et le degré qui lui sont absolument nécessaires;* page 213, plainte discrète de M. Barrot contre M. Drouin de Lhuys, qui dans ses instructions à nos agents près du Saint-Père montrait trop que, pour lui et une *partie* du Conseil, le rétablissement du Pape dominait la question politique. Même note dans la *Nouvelle Correspondance* de M. de Tocqueville, devenu ministre des Affaires étrangères (p. 245) : « Nous n'avons cessé, écrivait-il le 29 juillet à M. de Beaumont, de poursuivre le rétablissement de l'autorité temporelle du Pape, que nous considérons comme la condition nécessaire de la liberté et de la paix des consciences dans le monde catholique. » Même note encore dès le 30 janvier dans *les Quatre Ministères de M. Drouin de Lhuys* (pages 17 et 18).

Que pense de ces témoignages le *Correspondant?* N'y voit-il pas que M. de Falloux a erré de parti pris en faisant entendre qu'il était à peu près seul dans le Conseil à vouloir l'intervention?

Il faut le répéter : les hommes qui contribuèrent le plus à l'expédition de Rome furent d'abord Louis-Napoléon, sans qui elle ne se serait pas faite ; puis M. Drouin de Lhuys, à cause du zèle qu'il y mit et de son influence politique, très supérieure à celle de M. de Falloux ; enfin, M. Odilon Barrot, qui, une fois sa résolution prise, la tint consciencieusement, non peut-être sans s'étonner parfois d'être si papalin. Que Louis-Napoléon restât neutre, que M. Barrot repoussât l'intervention armée, que M. Drouin de Lhuys fût indécis, il n'y avait pas d'expédition de Rome, où elle prenait un autre caractère. L'insistance de M. de Falloux, en admettant que, dans cette situation, il eût insisté, n'y aurait rien fait. D'autre part, écartez-le du ministère, mettez-y à sa place, avec les mêmes hommes, dans des conditions identiques, tel autre député catholique ayant à peu près l'étoffe d'un ministre, et vous avez tout de même l'expédition. M. de Falloux, personnage de second ordre, sans crédit au dehors et condamné à s'effacer devant la Chambre, ne pouvait être qu'un auxiliaire. Il ne fut rien de plus. Quelle hardiesse il a fallu aux uns et combien les autres ont été oublieux pour qu'on ait pu dire et faire croire que MM. Odilon Barrot, Drouin de Lhuys, etc., s'étaient mis derrière ce collègue! Ils étaient plutôt disposés à le tenir en suspicion.

Mais le *Correspondant* n'ose-t-il pas écrire aujourd'hui encore que M. de Falloux dominait en 1849 Louis-Napoléon, qu'il le *tenait et le poussait!* C'est inouï et saugrenu. S'il est une chose hors de doute, c'est qu'aucun des ministres que Louis-Napoléon eut en 1849 n'obtint sa pleine confiance et n'exerça la moindre influence sur lui. Cela ne serait pas établi par

6.

les Mémoires d'Odilon Barrot, par la correspondance de Tocqueville, par tous les faits et témoignages du temps, qu'on le prouverait par les seuls Mémoires de M. de Falloux. Le Président reculait quelquefois devant le Conseil des ministres, mais il ne lui sacrifiait aucune de ses idées, aucun de ses projets. M. de Falloux, dont il se fit suivre dans l'Ouest afin de gagner les légitimistes en leur montrant un des leurs derrière lui, ne fut jamais « son homme »; aussi, quand il n'en eut plus besoin, le congédia-t-il sans esprit de retour. La légende libérale dit que M. de Falloux donna sa démission. Non, il fut remercié. Cette même légende, répétée par le *Correspondant*, raconte, également à tort, qu'il accepta le ministère pour en écarter Jules Favre. Les Mémoires de M. Barrot prouvent que Louis-Napoléon ne songea pas du tout à Jules Favre en décembre 1848.

Dans la première partie de ce débat comme aujourd'hui, nous nous sommes établi sur le terrain des faits. Ayant à raconter ce qui s'était passé en 1849 au sujet de Rome, nous avons donné des documents et rappelé des actes, des paroles, des témoignages datant de 1849. Le

*Correspondant,* au lieu de rester sur ce terrain, prétend nous réfuter en parlant de ce qui fut fait, ou dit, ou écrit, dix ans, quinze ans, vingt ans, trente ans plus tard. Ce n'est pas sérieux.

Par exemple, pour nous prouver que Louis-Napoléon ne voulait pas en 1849 l'expédition de Rome et que M. de Falloux la décida malgré le mauvais vouloir de son chef et de ses collègues, il nous oppose ce que Louis Veuillot écrivit en 1859 contre la politique suivie à cette date de 1859 par Napoléon III. Plus loin, il extrait triomphalement de l'*Univers* d'avril 1884 trois lignes, où il est dit que les deux Napoléon poursuivirent la ruine du pouvoir temporel. Soit ! En résulte-t-il qu'en 1849 Louis-Napoléon n'a pas fait ce qu'il a fait et que M. de Falloux a joué un rôle qu'il n'a pas joué? Mais voici une autre pièce sur laquelle le *Correspondant* compte davantage. Dans une lettre du 15 décembre 1867, adressée à Sainte-Beuve, le prince Napoléon (Jérôme) rappelait que Louis-Napoléon avait pris les armes en 1831 contre le Pape, et attribuait la conduite qu'il tint dix-huit ans plus tard à la présence dans son Conseil d'un *représentant du parti clérical et légitimiste,* lequel l'aurait entraîné, non *sans peine*, hors de ses traditions. Outre qu'une parole du prince Napoléon ne fut jamais une preuve, comment prendre au sérieux un propos tenu si tard — 1867 — dicté par un calcul si évident, ne reposant sur rien, contraire aux témoignages les plus sûrs, aux faits les plus authentiques? Qui ne sait, d'ailleurs, qu'en 1849, le prince Napoléon était très hostile à la politique de son cousin? Qui ne sait aussi qu'à partir de 1858 la tactique des révolutionnaires napoléoniens, tactique dont M. de Falloux bénéficia, fut de fausser les faits de 1849 et de dire que le Président avait alors donné carte blanche à ses ministres? L'honnête M. Odilon Barrot proteste dans ses Mémoires contre ce mensonge. Il affirme que pas une voix dans le Conseil ne s'éleva pour accepter la Révolution romaine; puis il ajoute (p. 193) : « Bien qu'il ait pu convenir depuis au Président ou *à ses amis* de rejeter sur ses ministres la responsabilité de notre intervention à Rome, *la vérité est qu'il voulait cette intervention plus que moi et bien avant moi*, seulement pour d'autres motifs que les miens. » Il faut ajouter que Napoléon III revendiqua, même lorsqu'il eut changé de politique, la responsabilité et l'honneur de l'expédition de 1849.

Que le *Correspondant* mette en doute la sincérité du Président, qu'il l'accuse d'avoir agi par calcul, qu'il lui reproche ses variations, nous ne réclamerons certes pas ; mais les déclarations, actes et résultats de 1849 n'en seront pas entamés. Il restera établi que les premiers ouvriers de l'expédition de Rome, ceux par qui elle put être faite, furent dans le gouvernement : le Président, M. Drouin de Lhuys, M. Odilon Barrot ; au dehors, les chefs des groupes conservateurs, appuyés sur une notable partie de la Chambre. Quant à M. de Falloux, il fit certainement tout ce qu'il put, et nous croyons volontiers que nul, au second rang, ne montra plus de zèle.

Mais s'il fit ce qu'il pouvait faire au sujet de l'expédition, il ne sut pas remplir tout son devoir quand il fallut régler la question romaine, c'est-à-dire les conditions de la rentrée du Pape. Le catholique libéral et l'ambitieux trop attaché à son portefeuille l'emportèrent dans cette occurrence sur le serviteur de l'Église. Il n'eut pas seulement la faiblesse d'accepter l'insolente lettre de Louis-Napoléon au colonel Edgard Ney; il l'approuva. Durant toutes ces négociations, si contraires aux droits souverains du Saint-Siège et où le gouvernement français le prit de si haut avec le pouvoir pontifical, M. de Falloux s'associa *sans réserve* aux exigences du Président et des libéraux du Conseil. Le *Correspondant* lui-même n'ose entreprendre de justifier cette fâcheuse conduite. Il n'en dit rien. Comme avocat, c'est ce qu'il pouvait faire de plus sage; mais, comme catholique, il aurait dû, tout au moins, la regretter.

Sans insister sur ce côté de la question, puisque l'adversaire nous donne implicitement gain de cause, nous ajouterons un témoignage à tous ceux que nous avons précédemment donnés et devant lesquels on recule. M. de Tocqueville avait, le 2 juin 1849, remplacé M. Drouin de Lhuys aux Affaires étrangères. Esprit distingué, conscience droite, mais avant tout l'homme du libéralisme, qu'il confondait avec la démocratie, il entendait imposer au Pape « un gouvernement libéral digne des lumières du siècle », et formulait impérieusement ses exigences. M. de Falloux cherchait-il à l'éclairer, à le retenir ? Loin de là, il le poussait. Voici, en effet, ce que disait M. de Tocqueville dans une dépêche d'août 1849, adressée à M. de Corcelle : « Je vous envoie la dépêche officielle que je vous annonçais par ma dernière lettre. Elle n'a pu être lue que tout à l'heure au Conseil : elle a été approuvée par tout le monde, *surtout par M. de Falloux. J'insiste sur ce point, il est symptomatique.* Les modérés et les hommes religieux eux-mêmes commencent à être embarrassés et *irrités* de ce qui se passe en Italie ; ils en redoutent la responsabilité ; et si cela continue, ils nous reprocheront notre mollesse. » Suivaient des diatribes contre le gouvernement pontifical. Voilà quel fut alors le rôle de M. de Falloux.

Vous oubliez, va nous dire le *Correspondant*, que Pie IX, écrivant le 13 novembre 1849 à M. de Montalembert pour le louer d'avoir défendu le pouvoir temporel, louait aussi dans le même bref M. de Falloux du zèle qu'il avait montré pour cette grande cause. Nous n'oublions rien. Cet éloge adressé incidemment à M. de Falloux est très large ; il prouve que

Pie IX était reconnaissant du beau discours que le ministre des Cultes avait assez récemment prononcé sur la question romaine et de l'appui qu'il avait donné à l'expédition de Rome; mais le bref ne dit pas du tout que M. de Falloux fut le principal auteur de cette expédition, et il ne l'innocente pas de s'être pleinement associé aux sommations libérales du Président, et de M. de Tocqueville, et des autres. Aucun acte de Rome n'a excusé cette conduite inexcusable. Elle a seulement été pardonnée.

Il nous semble que la lumière est faite.

### CHAPITRE VII

## LA LOI DE 1850 ET LA QUESTION
### DE L'ENSEIGNEMENT

« On me fait tantôt un crime, tantôt un honneur de la loi de 1850, dit M. de Falloux dans ses Mémoires. En réalité, je n'ai droit ni au reproche ni à l'éloge au delà d'une très modeste mesure. Mon seul mérite a été d'avoir su m'effacer à propos et de bonne foi. » L'exorde est modeste, mais de cette modestie qui dénote une grande confiance en soi et l'espoir de faire dire au lecteur : Cet homme illustre pèche par excès de vertu, il s'efface jusqu'à manquer de justice envers lui même. « La vanité, a dit M. de Pontmartin, n'est jamais plus vivace que lorsqu'elle se cache, jamais plus impérative que lorsqu'elle semble abdiquer, jamais plus immodeste que lorsqu'elle se pose en modestie. » C'est bien cela ! Passez de ce premier mot de M. de Falloux à l'ensemble de son récit, et vous verrez !

Quiconque s'en tiendra aux *Mémoires d'un royaliste*, loin de reléguer leur auteur au second plan, croira que sans lui la loi de l'enseignement n'eût pas été faite ou, du moins, eût été détestable. Il ne s'en donne pas effrontément tout l'honneur, ce serait un manque d'habileté ; mais il expose les choses de manière à se le faire donner, et il y réussit. C'est une habile usurpation.

Son rôle dans cette lutte fut, certes, d'une tout autre importance que dans la question romaine. Alors il s'était effacé ; cette fois il se montra et sut agir avec la résolution et la dextérité d'un esprit ferme et retors. Il est vrai qu'il opérait sous la direction de deux chefs ayant beaucoup de savoir-faire et que leur union rendait très forts : M. Thiers et M. l'abbé Dupanloup. La loi de 1850 est née, en effet, de l'accord de ces deux hommes. M. de Falloux fut le premier de leurs auxiliaires. Ils avaient fait la partition, il a été le chef d'orchestre. L'emploi était difficile et il le tint très bien.

Mais quel était le caractère de l'œuvre ? dans quel esprit avait-elle été conçue ? quel but ses auteurs voulaient-ils atteindre ?

Avant d'examiner ces points, il faut entrer dans quelques explications.

Parmi toutes les choses que M. de Falloux,

pour grandir ou justifier son rôle, dit mal ou ne dit pas du tout, il en est une d'importance capitale : c'est qu'en 1849 les dispositions du pays et du monde politique permettaient de faire une bonne loi d'enseignement.

Le Carnot de ce temps-là, celui qui est mort sénateur en février ou mars 1888, ayant été nommé ministre au lendemain du 24 février 1848, avait présenté un projet de loi très universitaire, qui fut retiré après l'élection de Louis-Napoléon. Ce retrait, que tous les chefs du parti conservateur réclamaient, et dont on a fait honneur au seul M. de Falloux, était l'œuvre commune de tout le ministère et du Président. Celui-ci, qui comptait l'état-major universitaire parmi ses adversaires les plus ardents, avait de bon cœur frappé ce premier coup. Il y eut de vives réclamations dans la Chambre. C'était encore la Constituante de 1848, et les républicains y conservaient la majorité ; mais cette majorité, vaincue, condamnée, démoralisée par l'élection présidentielle, n'avait plus d'autorité ni de force. Que pouvait-elle contre un pouvoir exécutif dont le chef, combattu par toute l'administration, avait néanmoins réuni cinq millions cinq cent mille voix? Elle se soumit.

Les élections de 1849 donnèrent une tout autre assemblée. Le parti de l'ordre y était le maître; et ce parti, très irrité alors contre l'Université, surtout à cause des instituteurs, voulaient une vraie liberté de l'enseignement. S'il n'en comprenait pas très nettement toutes les conditions, il en acceptait le principe. Que la direction fût bonne, et tout irait bien. Il faut donc juger le travail de M. de Falloux, non pas d'après l'esprit de la Constituante, déjà condamnée quand il se mit à l'œuvre, mais d'après les dispositions qu'il devait rencontrer dans la Législative.

La loi de l'enseignement, pour les catholiques, qui depuis longtemps la réclamaient, devait être une loi de liberté qui permettrait d'avoir des écoles vraiment chrétiennes tout à fait indépendantes de l'Université.

Les auteurs de la loi de 1850 voulurent au contraire une loi politique et d'union conservatrice, par conséquent une loi de transaction ou de fusion. Il ne s'agissait plus d'en finir avec le monopole universitaire, mais de s'arranger avec l'Université pour opposer, par cette alliance entre deux ennemis de race, une barrière plus forte aux progrès de la Révolution. La question du jour dominait ainsi les questions de principe, de droit et d'avenir.

Une pareille idée était tout à fait à la mesure de M. Thiers, devait être acceptée de M. Dupanloup et plaire à M. de Falloux. Il fut donc décidé que la loi de l'enseignement, au lieu d'être une loi de liberté pour tous, selon l'ancien programme catholique, serait un compromis politique accordant quelque chose aux intérêts religieux sans compromettre la suprématie de l'Université. M. Thiers promettait de rallier à ce compromis la grande majorité des universitaires et des libéraux modérés ; M. de Falloux ne doutait pas de l'adhésion des légitimistes, et M. Dupanloup garantissait que les évêques le suivraient. Quant aux catholiques militants, adversaires absolus [de l'Université, ils murmureraient sans doute, mais pourraient-ils résister si l'on gagnait M. de Montalembert ? Or, ne savait-on pas que celui-ci, très préoccupé du « péril social », et plus impétueux que résistant, porté d'ailleurs à subir l'influence combinée de MM. Dupanloup et de

Falloux, finirait par entrer dans les vues du triumvirat. Il y entra, et les hommes de compromis tinrent la victoire. Sans ce secours, ils n'eussent été sûrs de rien.

En effet, M. de Falloux, lorsqu'il devint ministre, n'exerçait personnellement aucune action sur le gros de l'armée catholique. Il n'avait pas compté parmi les combattants qui de 1842 à 1848 livrèrent tant de batailles à l'Université; et si plus tard il donna un certain concours, ce fut en amateur plutôt qu'en soldat régulier. C'était, comme tant d'autres royalistes, un allié, et non un membre déterminé du parti catholique. Aussi, quand, en 1848, pour devenir représentant du peuple, il soutint que les catholiques ne devaient plus se constituer en parti, on ne l'accusa pas de trahison. N'ayant jamais été tout à fait des nôtres, il pouvait, en somme, nous quitter. Rappelons de nouveau qu'après son élection il se rapprocha du parti catholique et ne tarda pas à vouloir y commander. Nous l'entendîmes nous dire :

La maison m'appartient, je la ferai connaître.

Et il prétendit nous mettre dehors.

Non, le parti catholique ne lui appartint jamais ; seulement, il put continuer à le briser. Il ne manque pas, dans ses Mémoires, de rejeter sur d'autres ce mauvais coup.

M. l'abbé Dupanloup, qui bientôt fut « l'évêque nommé » d'Orléans, n'avait pas non plus alors, malgré tout son renom et tout son mérite, une influence prépondérante sur les catholiques mêlés activement au combat. Il s'était montré trop pressé de négocier, de transiger, de concéder, pour qu'on pût le suivre sans hésitation. Dès le temps de Louis-Philippe, dans des écrits turbulents de forme, mais, au fond, assez bénins, ne l'avait-on pas entendu parler en homme qui veut l'accord entre l'Église et l'Université sous la tutelle du gouvernement ? De là des observations de Louis Veuillot, qui, bien que très courtoises et même chargées d'éloges, lui avaient porté ombrage. Il comprenait si difficilement qu'on ne fût pas de son avis ! Son appui devait, d'ailleurs, être très utile à M. de Falloux, car s'il n'entraînait pas la foule, il avait la clientèle des salons, et bon nombre d'évêques l'écoutaient volontiers.

Les *Mémoires d'un royaliste* effleurent à peine

ces préliminaires de la lutte, et le peu qu'ils disent ne donne pas une idée exacte de la situation. M. de Falloux y cède trop à la mauvaise habitude de se tromper. Cela est surtout marqué dans ce qu'il affirme au sujet de la commission qu'il chargea de préparer la loi. A l'entendre, cette commission fut formée avec largeur, sans autre préoccupation que d'assurer aux catholiques la liberté que depuis si longtemps ils réclamaient. Non, ni l'esprit qui dicta le choix des commissaires ne fut large, ni une pareille commission ne pouvait aboutir à une loi conforme aux revendications des catholiques. On voulait une transaction favorable aux intérêts politiques du parti conservateur, et on s'assura une majorité qui transigerait. M. de Falloux l'avoue implicitement dans l'endroit même où il le nie. Après avoir dit, sans preuves et certainement à faux, que sur ce point il consulta surtout M. de Montalembert, il ajoute : « Nous voulûmes réclamer le concours de tous les partis, sans assurer d'avance la prépondérance à aucun, sauf à celui de la liberté, » et « appeler à l'honneur ceux qui avaient pris part au combat, en *s'assurant toutefois que les an-*

*ciens combattants croyaient l'heure de la paix venue...* » En d'autres termes : nous voulûmes une commission devant laquelle nous serions sûrs d'avoir raison.

On ne pouvait s'étonner, d'ailleurs, de voir le ministre et ses conseillers en chef, MM. Thiers et Dupanloup, gens habiles tous trois, prendre cette précaution. Personne n'y fut trompé. Les Mémoires non plus, bien que publiés près de quarante ans après l'événement, ne pourront sur ce point donner le change. Qui donc croira que MM. de Falloux, Dupanloup et Thiers, pouvant s'assurer des auxiliaires, se donnèrent des contradicteurs? Il est faux aussi de prétendre que certains combattants voulaient absolument que la guerre continuât. Tout le monde, du côté des catholiques, acceptait la paix, mais à la condition que cette paix donnerait le résultat en vue duquel on avait fait la guerre.

En 1856, dans un écrit où il prétendait représenter et défendre le parti catholique, M. de Falloux parla de sa commission de l'enseignement comme il le fait dans ses Mémoires. Il assura que la politique en avait été exclue. Louis Veuillot lui répondit :

« L'œuvre était essentiellement politique et la commission aussi. Toutes les nuances de l'opinion en matière d'enseignement, même des nuances jusque-là quasi imperceptibles, y étaient représentées, mais avec un choix exquis pour assurer la majorité à la conciliation telle que la voulait le ministre. A côté de quelques personnes dont l'aptitude n'avait pas encore été soupçonnée, brillaient les puissances du corps enseignant, M. Cousin, M. Saint-Marc Girardin, M. Dubois. La part des catholiques était belle : M. de Montalembert d'abord, ensuite M. l'abbé Dupanloup et M. l'abbé Sibour ; puis MM. de Corcelles, de Riancey, de Melun, Fresneau, de Montreuil, Cochin ; M. Laurentie, rédacteur en chef de l'*Union;* M. Roux-Lavergne, représentant du peuple et notre collaborateur. Néanmoins, entre tous ces hommes si respectables, peut-être n'en était-il pas trois qui représentassent encore l'ancien esprit du parti catholique, tel qu'il s'était manifesté une dernière fois à la tribune dans le discours de M. de Montalembert sur la Constitution. Nous remarquâmes avec peine l'absence de deux noms qui devaient être préférés à tant d'autres : celui de M. Charles

Lenormant, homme spécial, l'un des blessés de la cause, et surtout celui de l'illustre évêque de Langres, M<sup>gr</sup> Parisis, dont l'infatigable talent avait jeté un si précieux éclat sur nos luttes et décidé nos meilleurs succès. Pourquoi ce grand évêque était-il exclu de la commission ? Pourquoi aucun de nos évêques n'y avait-il été appelé, lorsque l'on y ramassait toute la prélature universitaire ? »

Pourquoi ?

D'abord parce que l'on voulait une majorité malléable, ensuite parce qu'il fallait que l'ecclésiastique le plus important de la commission, celui qui, pour les universitaires et les neutres, y représenterait l'Église, fût M. Dupanloup.

Aux noms de M<sup>gr</sup> Parisis et de M. Charles Lenormant, que donne Louis Veuillot, il faut ajouter le sien. Du moment où l'on appelait « à l'honneur ceux qui avaient pris part au combat », comment expliquer que le rédacteur en chef de l'*Univers* ne fût pas appelé ? Nul n'avait combattu — je ne dirai pas plus que lui, mais autant que lui. De 1842 à 1849, son action, avait été incessante, retentissante et particulièrement féconde. Au journal il avait joint la brochure et le livre. Venu après Montalembert et avant M<sup>gr</sup> Parisis, il représentait le parti de l'enseignement libre dans la presse avec autant d'éclat, de force et de succès que celui-ci dans l'épiscopat et celui-là dans le Parlement. C'était peu de chose qu'il eût subi pour cette grande cause l'amende et la prison ; mais c'était beaucoup certainement qu'il eût tant contribué à la fortifier près des catholiques, et à l'imposer par de constantes et brillantes polémiques aux préoccupations du public lettré. Si la question était mûre, M. de Falloux n'y était pour rien et Louis Veuillot y était pour beaucoup.

De tels titres pouvaient, près de certains esprits, devenir des motifs d'exclusion, et nous ne croyons pas porter un jugement téméraire en comptant M. de Falloux parmi ces esprits-là. Il avait une autre raison d'écarter de sa Commission Louis Veuillot ainsi que M. Charles Lenormant et M<sup>gr</sup> Parisis. Il lui fallait, du côté catholique, des hommes dont la situation ne dominât ni la sienne ni celle de M. Dupanloup. Or M<sup>gr</sup> Parisis dominait alors de beaucoup M. l'abbé Dupanloup, et, sans repousser toute idée de concession, il était de caractère à trouver que l'on concédait trop. M. Lenormant avait sur les affaires d'enseignement de l'autorité, de l'expérience, des vues à lui, et aimait plus à contredire qu'à se soumettre. Il eût été difficile d'en avoir raison. Quant à Louis Veuillot, M. de Falloux et M. Dupanloup, qui déjà l'avaient trouvé trop ferme sur les questions de principe, craignaient que par sa fidélité au programme catholique il ne devînt gênant. Ces trois hommes, bien qu'ils eussent été au *combat*, ne devaient donc pas être à l'*honneur*. Et vraiment il n'eût pas été prudent de les y convier, quand il fallait entendre par honneur l'abandon du drapeau.

M. de Falloux, qui toujours biaise, n'a garde de donner carrément ces raisons. A sa place, un homme loyal l'eût fait, car il pouvait, en somme, se placer sur le terrain politique et briser avec quiconque refusait de l'y suivre. Mais, outre que cette franche allure n'allait pas à son esprit, il y eût perdu le droit de dire qu'il s'était alors montré catholique avant tout. Or, il entrait dans ses vues d'avenir de prendre cette position-là.

Les Mémoires n'essayent point d'expliquer

pourquoi M^gr Parisis et M. Lenormant furent écartés de la commission. Ce grand évêque et cet homme de mérite, qui avait souffert pour la cause, ne sont pas même nommés à ce sujet. Ils passent à l'état d'individualités négligeables. Il en est autrement pour Louis Veuillot. M. de Falloux croit se justifier par une impertinence de ne l'avoir pas *appelé*. Nous règlerons plus loin ce compte particulier.

La commission, docile à ses chefs, fit la loi qu'on lui demandait. C'était l'abandon du programme catholique.

Et quand je dis le programme catholique, j'entends, non les idées et les demandes de l'*Univers* et de son groupe, mais les conditions posées par tout le parti catholique, avec l'approbation publique et unanime de l'épiscopat. Oui, unanime, et cela n'avait pas été obtenu d'entraînement. Le pape Grégoire XVI lui-même y avait mis la main. Tel archevêque, resté en dehors du mouvement et présenté par Louis-Philippe pour le cardinalat, ne reçut le chapeau qu'après avoir, sur les observations du Saint-Père, adhéré aux réclamations de ses collègues contre le monopole de l'Université.

Voici quel était le programme catholique; nous l'extrayons, non d'un article de Louis Veuillot ou d'un discours de Montalembert, mais d'une déclaration du cardinal de Bonald, archevêque de Lyon, l'un des prélats classés à la fois parmi les agissants et les modérés :

« Nous ne demandons pas la destruction de l'Université;

« Nous ne voulons pas que le clergé ait seul le privilège d'enseigner, nous ne voulons de monopole pour personne;

« Nous demandons la liberté telle qu'elle existe en Belgique; nous la demandons pour tout le monde;

« Nous voulons que l'enseignement soit sous la même surveillance que l'autorité exerce sur la presse, repoussant en matière d'éducation ce contrôle préventif que la loi repousse quand il s'agit de faire imprimer son opinion. »

Un acte collectif de tous les évêques de la province de Lyon ajoutait :

« Nous réclamons la *vraie liberté* d'enseignement, c'est-à-dire la faculté accordée *à tous* d'avoir, sous la *surveillance de l'État*, des écoles *absolument indépendantes des écoles de l'Université. »*

Ainsi parlèrent, à plusieurs reprises, tous les évêques. Tous repoussaient l'idée d'un accord avec l'Université, tous voulaient un enseignement indépendant, ayant la liberté de ses méthodes, le choix de ses livres, aboutissant aux grades et soumis uniquement à la surveillance de l'État. Naturellement, tous les comités et tous les journaux catholiques avaient ce même programme. On ne pouvait pas en avoir d'autre, puisqu'on voulait la liberté.

Voici ce que donnait le projet de loi :

1° Les grades universitaires seront nécessaires à ceux qui voudront enseigner en dehors de l'Université.

2° L'Université restera juge et partie dans sa propre cause, en conservant le monopole des examens et des grades.

3° L'Université pourra interdire aux écoles libres l'emploi des livres qui ne lui plairaient point.

4° La surveillance de l'État prescrite par la Constitution sera transformée en inspection de l'Université ; cette inspection portera même sur la morale et s'étendra aux petits sémi-naires.

5° Les prêtres appartenant à des congréga-tions non autorisées ne pourront ouvrir des écoles.

N'était-ce point l'abandon de l'ancien pro-gramme ? Pouvait-on voir là une loi de liberté ? Les fidèles du parti catholique n'avaient-ils pas le droit de réclamer ?

Le projet de loi avait, en outre, le tort grave de disposer de l'Église sans son assentiment. Sous prétexte de défense sociale, ses auteurs avaient décidé que nos évêques, nos prêtres, figureraient dans le conseil supérieur et les conseils départementaux au même titre que les pasteurs des cultes protestants reconnus et les rabbins. Cela aussi soulevait de vives réclamations; et tant que Rome n'avait pas dit : « Je le tolère, » ces réclamations étaient justes.

A proprement parler, le rôle public de M. de Falloux dans la loi de 1850 s'arrête là. Il n'était plus ministre quand son projet fut soumis au contrôle du conseil d'État, puis à la discussion et au vote de la Chambre. Il restait donc encore beaucoup à faire, et l'on s'étonne qu'on lui ait attribué tout le mérite du résultat. Cela est d'autant plus injuste que l'Assemblée législative, d'accord avec le gouvernement, améliora l'œuvre de la commission; ce qui tend à prouver que le projet de loi ne donnait pas tout ce que l'on pouvait obtenir. Il faut toucher ce point et deux ou trois autres pour donner une idée correcte de ce grand débat que les *Mémoires d'un royaliste* résument fort mal. Nous achèverons ainsi de démontrer que le comte de Falloux, loin d'avoir été alors avant tout, comme il le prétend, l'homme de l'Église, fut essentiellement, comme toujours, l'homme du libéralisme.

Le projet de loi, élaboré selon les vues de MM. Thiers, Dupanloup et de Falloux, différait trop absolument du programme catholique pour que, de notre côté, on ne fût pas déçu. Qu'il y eût progrès sur l'état de choses existant, oui; que l'Université perdît quelque terrain, oui encore; mais ce n'était point ce que l'on attendait, ni ce qu'il fallait. Nous voulions la liberté pour tous, et non quelques avantages particuliers, payés très chers.

Les conciliateurs soutinrent et l'on soutient encore à leur profit que l'œuvre de la commission accordait le possible. Qu'en sait-on aujourd'hui et qu'en savait-on même alors? Il est toujours fort difficile de fixer les limites du possible. Chacun les voit où il lui plaît. Une question posée de la sorte se trouve nécessairement prise entre une négation et une affirmation. Les faits tranchent le débat, ils ne le jugent pas. En somme, ni la Constitution de 1848 ni la Chambre de 1849 n'imposaient le projet de loi que signa M. de Falloux.

Des évêques, des députés, des professeurs, des écrivains très au courant de la situation et la majorité des catholiques militants jugèrent qu'on pouvait faire mieux. Il fallait au moins le tenter. Il y avait chance très sérieuse de succès pour un projet qui, en séparant l'enseignement libre de l'enseignement de l'Etat, eût laissé à l'Université ses privilèges budgétaires et ses honneurs. C'était ce que nous demandions, et non pas un partage du monopole, ou une situation exceptionnelle pour les écoles catholiques, comme le donnent à entendre les Mémoires.

Mais certains des nôtres, entrés par tendance libérale et parlementaire dans la voie des compromis, ne voulaient plus, comme au temps de Louis-Philippe, combattre par des écoles libres la corruption de l'enseignement universitaire; ils voulaient améliorer l'Université et travailler de concert avec elle à sauver l'ordre social. M. de Montalembert, toujours très absolu dans son idée du jour et trop franc pour ne pas l'exprimer sans ambages, disait aux catholiques : « Dans les circonstances où nous sommes, il ne s'agit plus d'une lutte entre l'Église et l'État, entre l'enseignement libre et l'enseignement officiel ; il s'agit d'unir ces deux forces contre l'ennemi commun, contre les doctrines anarchiques qui menacent le pays, en un mot contre le socialisme. »

M. Thiers, s'adressant aux universitaires et aux révolutionnaires, tenait le même langage. Vous voulons, s'écriait-il, sauver « la cause sacrée de l'ordre ». Dans ce but, « j'ai tendu la main à ceux qui m'avaient combattu, que j'avais combattus ; ma main est dans la leur, elle y restera, j'espère, pour la défense commune de cette société, qui peut bien vous être indifférente, mais qui nous touche profondément ».

Tous les auteurs et défenseurs du compromis parlaient de la sorte. M. Dupanloup, qui n'avait pas la tribune, faisait, dans l'*Ami de la religion*, écho à MM. Thiers, de Montalembert, Cousin, etc. Je viens de nommer M. Cousin; il était aussi, en effet, quant au fond, gagné à la transaction; mais il y mettait moins d'ardeur que ses alliés, et, tout en acceptant les bases, chicanait sur les détails, trouvant, ou du moins disant que sa chère Université perdait trop. Il y avait du scepticisme et même de la goguenarderie dans son adhésion, surtout quand il l'exprimait chaleureusement : c'était son genre. Et lorsque dans la commission, devant le ministre charmé et s'enflant — les Mémoires le prouvent — il s'écriait, en agitant ses grands bras : « M. de Falloux ne songe qu'à sa cause, M. de Falloux c'est la cause! la cause! » il y a lieu de croire que le maître renard se gaussait. Par ce gros compliment, il espérait rendre le ministre plus coulant. Se trompait-il?

Quant à M. Thiers, le socialisme lui inspirait certainement quelque crainte; mais qu'il en fût aussi épouvanté qu'il le disait, non ! Il exagérait ce sentiment dans le double but de se faire suivre des conservateurs libéraux et d'arracher aux catholiques de plus larges concessions. Il voulait avant tout sauver l'Université et lui assurer la prépondérance dans l'enseignement secondaire. Volontiers il eût donné, par la loi de l'enseignement primaire, le peuple, « la vile multitude », à l'Église, il l'offrit même positivement ; mais il entendait garder pour lui et les siens le bourgeois, les classes libérales qu'il qualifiait « d'éclairées », c'est-à-dire les hommes qui, plus tard, auraient le gouvernement. Que lui et M. Cousin, et d'autres de même école, aient compté sur l'Université pour arrêter la Révolution et rétablir l'ordre moral, c'est possible ; mais que des catholiques aient fait ce rêve et lui aient sacrifié le principe de la liberté de l'enseignement, c'est inouï! Le trait est particulièrement étrange et suspect chez M. de Falloux, l'homme du monde le moins susceptible de s'emballer. Il est vrai qu'en cette affaire son intérêt politique le poussait à l'emballement.

Nous n'entrerons pas dans le détail de tout ce conflit, qui dura près d'un an. Quelques points seulement doivent être notés. Les *Mémoires d'un royaliste* disent que l'opposition de l'*Univers* était *inattendue* et que « M. Louis Veuillot commença *l'action séparative* par des polémiques qui permettaient de prévoir les *excès de conduite* et de langage auxquels il se laissa aller plus tard ».

Il n'y avait rien de moins *inattendu* que l'opposition de l'*Univers*; M. de Falloux tout le premier l'attendait si bien qu'il voulut la conjurer par une démarche personnelle près de Louis Veuillot, démarche dont les Mémoires ne disent mot. Il fut dans cette rencontre ce qu'il savait être quand il voulait adoucir un adversaire ou conquérir une adhésion : complimenteur, souple, doucereux, modeste. L'entretien fut long et fort calme. Le ministre, malgré l'abondance de ses compliments, de ses métaphores, de ses anecdotes et de ses sentences, n'obtint ni le concours qu'il sollicitait, ni même la neutralité. Cependant il ne perdit pas toute sa peine. Louis Veuillot lui promit de ne rien dire avant que la commission législative ne fût nommée. C'était abandonner toute influence sur le choix des commissaires et faciliter au ministre un premier succès[1].

Selon les Mémoires, les attaques ou plutôt les *imprécations* de l'*Univers* auraient été immédiates. C'est faux. Le dissentiment, après huit jours de silence, fut marqué, les raisons en furent données ; mais sans colère, sans *imprécations*, de telle sorte que les relations personnelles pouvaient être maintenues. Et, de fait, l'année suivante, sans nul sacrifice de dignité pour personne, elles furent reprises avec M. de Falloux comme avec M. de Montalembert. En même temps que l'*Univers* combattait le projet de loi, il rendait hommage au talent de ses auteurs, il mettait hors de cause leurs intentions et, de plus, sur d'autres questions les soutenait vigoureusement. C'est peut-être l'époque où Louis Veuillot a donné le plus d'éloges à Montalembert, qu'il a toujours loué avec tant d'abondance de cœur.

Les Mémoires disent, en outre, que les attaques de l'*Univers*, d'abord peu écoutées, finirent

---

1. Louis Veuillot a rendu compte de cette démarche du ministre du vivant même de M. de Falloux, qui ne l'a pas contestée.

cependant par alarmer *quelques consciences*. La vérité, c'est que le plus grand nombre des journaux dévoués à la cause de l'enseignement libre, et la majorité des prêtres et laïques qui avaient pris une part active à nos luttes, furent mécontents du projet et le dirent nettement. Cette preuve a été faite autrefois, et je ne la ferais de nouveau que si quelqu'un d'autorisé prétendait que je n'ai point dit vrai en accusant de fausseté les *Mémoires d'un royaliste*.

M. de Falloux est également inexact et incomplet en ce qui touche l'attitude des évêques. Tout en avouant que dans l'épiscopat il y eut de l'hésitation sur la conduite à suivre et que nombre d'évêques jugèrent nécessaire de consulter le Pape, il donne à entendre que de ce côté son œuvre fut trouvée bonne. Non, elle fut seulement, tout compte fait, trouvée préférable au maintien du *statu quo*.

Pendant le vif du débat, deux évêques, Mgr Clausel de Montals, évêque de Chartres, et Mgr Menjaud, évêque de Nancy, crurent opportun de donner tout haut et au long un avis motivé ; l'un et l'autre condamnèrent la transaction proposée. Il y eut, en outre, dans la *Gazette de*

*Lyon*, une note portant que le cardinal-archevêque avait écrit au ministre pour réclamer contre plusieurs articles de son projet. Plus tard, vingt-cinq archevêques et évêques transmirent au Pape, sans en prendre la responsabilité, un mémoire très favorable à la loi. Leur lettre d'envoi se bornait à dire : « La loi, sans être parfaite, nous paraît préférable au déplorable *statu quo* sous lequel nous gémissons depuis si longtemps. » De plus, d'après une note officieuse, vers la même date, onze autres membres de l'épiscopat auraient écrit à Rome *dans le même sens*. Le mémoire était naturellement l'œuvre de Mᵍʳ Dupanloup. Le très actif prélat n'avait, en somme, obtenu que des adhésions limitées, conditionnelles, et ne représentant pas à beaucoup près la moitié de l'épiscopat. Pouvait-il en être autrement lorsque M. Thiers, s'adressant aux universitaires, aux libéraux, aux libres penseurs, leur disait : Le projet laisse à l'Université la *juridiction*, la *collation des grades*, *l'inspection*, le *gouvernement tout entier de l'enseignement*. Et c'était vrai !

M. de Falloux n'eut donc pas le concours de

l'épiscopat, il n'en obtint qu'une sorte de neutralité, favorable chez les uns, inquiète chez les autres. Si le projet, sans réaliser le programme catholique, avait donné tout ce que l'on pouvait raisonnablement espérer, les évêques, au lieu de se diviser et de rester neutres, l'eussent certainement appuyé. De même, les simples prêtres et les laïques, vieux soldats de la cause, auraient suivi M. de Montalembert. S'il en fut autrement, si le projet de loi compta parmi ses adversaires des prêtres comme les abbés de Cazalès, Combalot, Suchet, Desgarets, Rohrbacher; s'il eut contre lui, dans la Chambre, dix ou douze des députés les plus ardemment dévoués à l'Église; si le chef du parti royaliste dans le propre département de M. de Falloux, le comte Théodore de Quatrebarbes, catholique si dévoué et son ami, proposa au conseil général un vote de blâme, c'est parce que les catholiques pensaient généralement que l'on pouvait faire mieux. Certes, l'action de Louis Veuillot était puissante; cependant il n'eût pu susciter une telle opposition s'il n'avait pas été dans le vrai.

Les *Mémoires d'un royaliste* sont brefs sur les débats qui précédèrent le vote de la Chambre?

C'est assez naturel, puisque M. de Falloux, fatigué et absent de Paris, n'y prit aucune part. La lutte fut ardente et le bruit de la tribune eut des échos dans la presse. M. de Montalembert tonna contre ceux qui avaient refusé de le suivre. S'il lui arriva jamais de retenir des paroles amères, ce ne fut pas cette fois-là. Son discours et la réponse de Louis Veuillot ont été réimprimés; j'y renvoie ceux qui voudront savoir lequel des deux sut garder la mesure. L'opposition catholique parla, non dans l'espoir d'emporter le vote, mais pour sauver les principes. Son orateur fut M. l'abbé de Cazalès. Nul dans tout ce débat ne fit un discours plus ferme, ni plus élevé, ni plus modéré.

Le successeur de M. de Falloux au ministère de l'Instruction publique était M. de Parieu. On le savait catholique pratiquant, mais on le soupçonnait de tendances gallicanes, et l'on craignait que, s'appuyant sur le travail et le silence de la commission ministérielle ou commission Falloux, il refusât aux membres des congrégations non reconnues, surtout aux jésuites, le droit d'enseigner. Nous nous trompions. Le gouvernement, malgré les instances de la gauche, ne voulut pas introduire cette odieuse exception dans la loi, et la Chambre, après un bon discours de M. Thiers, l'écarta. Ce vote, qui rendit beaucoup moins vive l'opposition de l'*Univers*, et d'autres améliorations de détail obtenues par le concours ou avec l'assentiment du ministre, prouvaient deux choses : la première, c'est que M. de Falloux n'avait rien imposé au Président, puisque M. de Parieu, choisi par celui-ci, améliorait l'œuvre de son prédécesseur; la seconde, que la Chambre qui, plus juste que les auteurs du projet, avait fait entrer M$^{gr}$ Parisis dans la commission parlementaire, pouvait fournir à la liberté de l'enseignement une majorité plus favorable que ne l'avait été la commission formée par le ministre.

Les *Mémoires d'un royaliste* se gardent bien de noter cela, et, de plus, au lieu de reconnaître loyalement que M. de Parieu rendit la loi meilleure, ils se bornent à le louer en termes protecteurs d'avoir bien servi *la loi qui lui était confiée*. M. de Parieu, à qui M. de Falloux et ses amis n'avaient rien confié du tout, eut, nous le répétons, un rôle plus marqué. Il se montra non pas seulement l'élève de bonne volonté au-

8.

quel les Mémoires prétendent rendre une *écla-tante justice*, mais ministre habile, orateur distingué et ferme catholique. Il ne pouvait changer le caractère général de la loi, et peut-être ne l'eût-il pas voulu, mais il contribua à l'amender. Un homme loyal l'eût dit, M. de Falloux le tait.

La loi fut votée le 15 mars 1850 par 399 voix contre 137. Il y avait quatre ou cinq mois que M. de Falloux n'était plus ministre et n'avait paru à la Chambre. Cependant l'école libérale lui a donné tout l'honneur du résultat! Cette école s'entend à faire valoir les siens!

M⁰ʳ Parisis s'abstint de prendre part au vote final. Voici la raison qu'il en donna : « En présence des divergences que je connais personnellement dans l'épiscopat, j'ai craint que mon vote ne parût un blâme indirect contre une partie de mes vénérables collègues. » Ainsi jusqu'à la fin, malgré tous les agissements de M⁰ʳ Dupanloup, l'épiscopat tint la loi en défiance. C'est que, si elle donnait d'incontestables facilités pour fonder des écoles dirigées par de bons maîtres, elle refusait la liberté de l'enseignement.

Les *Mémoires d'un royaliste* disent qu'après le

vote « l'*Univers* continua, à l'adresse de l'épis-copat, la campagne qu'il venait de perdre devant l'Assemblée » et « se flatta d'obtenir à Rome une désapprobation explicite qui empêcherait les évêques de France d'entrer dans les conseils départementaux ». M. de Falloux ajoute : « Le Nonce, M^gr Fornari, qui m'avait toujours fortifié de son adhésion, *refusa d'entrer dans ce complot*, dont s'alarma, autant qu'elle s'en indigna, la grande majorité de l'épiscopat français. »

Que de faussetés !

Sans doute, la polémique ne cessa pas tout de suite. De même qu'après la fin d'une grande bataille, des coups de fusil sont encore tirés de part et d'autre, il y eut encore ici quelques coups de plume. Il ne suffisait pas aux vainqueurs d'avoir la loi, ils voulaient avoir eu raison. Ils entendaient qu'on admirât leur œuvre. Les vaincus n'étaient pas de cet avis et soutenaient mordicus que le succès d'une erreur n'en fait pas une vérité. Assurément, mieux eût valu se taire des deux côtés. Mais si l'*Univers* accepta cette inutile polémique, il ne fit aucune *campagne*, ni *près de l'épiscopat*, ni *à Rome*. Ces propos mensongers, que nous retrouvons dans les Mémoires, M. de Falloux les tint dès 1856, et voici ce qu'alors Louis Veuillot lui répondit :

« Nous n'essayâmes point d'*entraîner* l'épiscopat, expression aussi injuste qu'inconvenante. Nous ne plaidâmes aucune thèse à Rome. Ces hautes pratiques conviennent à l'assurance des hommes d'État ; elles siéraient mal à de pauvres journalistes, déjà bien assez occupés de leur besogne quotidienne. Nous avons tout à la fois plus d'humilité et plus de fierté que M. de Falloux ne nous en attribue. Ayant dit tout haut ce qu'il nous a paru légitime de dire, nous évitons de donner des conseils à ceux de qui nous attendons des ordres, et nous nous abstenons d'offrir toutes les explications qu'on ne nous demande pas. Il faut qu'un journal catholique puisse être jugé, non sur ses plaidoyers, mais sur ses œuvres, Dieu nous préserve de chercher à influer, par des arguments sans contrôle public, sur des décisions que doit dicter une sagesse si supérieure à nos faibles vues. »

M. de Falloux releva-t-il ce démenti ? Non, il se contenta de dire que, plus tard, il donnerait ses preuves. Ce plus tard n'est jamais venu. Les

Mémoires reproduisent les propos argués de faux, mais ils n'invoquent aucune pièce, aucun témoin qui puisse les appuyer. Ainsi cette grande *indignation* de la *grande majorité* de l'épiscopat *français* contre un pareil *complot* n'a laissé nulle trace?

Même jeu au sujet de Rome. M. de Falloux maintient que nous insistâmes pour faire interdire aux évêques d'entrer dans les conseils départementaux, puis il dit que le cardinal Dupont, mandataire « de la plupart des évêques », se rendit de sa personne auprès de Pie IX pour détruire l'effet de nos démarches et lui faire envisager les choses sous leur vrai jour. Le cardinal, ajoute-t-il, « obtint un succès complet ».

Encore une fois, tout ce qui nous touche dans ce récit est une fable. Ni directement ni indirectement, l'*Univers* ne fit ou ne fit faire une démarche quelconque à Rome. Il est faux aussi que le cardinal Dupont, archevêque de Bourges, eût mandat de parler au nom de *la plupart des évêques français*.

La question de l'entrée des évêques dans les conseils fut traitée par l'intermédiaire de la nonciature. Le Pape consulté chargea M<sup>gr</sup> Fornari de faire connaître à l'épiscopat son avis, et c'est par une circulaire que cet avis fut transmis aux évêques. « Il a été constaté au Saint-Père, disait le Nonce, que dans le vénérable corps épiscopal existaient quelques divergences d'opinion, *d'autant plus que quelques prescriptions* de la loi *s'éloignent de celles de l'Église* et d'autres semblent *peu convenables* à la dignité épiscopale... »

Après cet exorde, qui ne nous donnait point tort, venaient des observations complémentaires, puis cette conclusion : « Si l'Église est *loin de donner son approbation* à ce qui s'oppose à ses principes, à ses droits, elle sait assez souvent supporter quelque sacrifice compatible avec son existence et ses devoirs... »

Conclusion : on pouvait accepter la loi puisqu'elle était préférable au *statu quo*, et les *bons* devaient s'unir pour en tirer tous les avantages possibles.

M. de Falloux a-t-il résumé honnêtement cette circulaire en disant que l'*Univers*, qui ne demandait rien, n'obtint pas ce qu'il demandait, et en faisant entendre que la loi reçut de Rome une pleine approbation?

Il se targue de la constante adhésion du Nonce, M<sup>gr</sup> Fornari ; il n'eut que sa neutralité. L'éminent prélat blâmait les bases mêmes de la loi ; mais il n'avait pas à intervenir, et il n'intervint pas. Et quand, rentré à Rome, il prépara le *Syllabus*, il voulut l'avis de Louis Veuillot, et non celui de M. de Falloux.

La cause était terminée. L'*Univers* n'avait plus rien à dire, et s'il parla une fois encore, ce fut pour inviter le *Moniteur catholique*, journal de M<sup>gr</sup> Sibour, archevêque de Paris, que rédigeaient ses grands vicaires, MM. Darboy et Bautain, à ne plus attaquer une loi que Rome acceptait.

Voilà les faits.

Ne prouvent-ils pas que, sur la question de la loi de 1850, comme sur tant d'autres, les *Mémoires d'un royaliste*, sont une œuvre de vanité et de mauvaise foi ?

Ils prouvent autre chose encore. D'abord, que M. de Falloux, bien que très en vue dans cette loi, n'y a cependant rempli qu'un rôle secondaire ; qu'il ne l'a pas conçue, qu'il ne l'a pas terminée et que d'autres ont plus contribué que lui à la faire accepter. Ensuite que son action, très habile quant au choix des hommes, aux manœuvres parlementaires, à l'exploitation des idées courantes et des préoccupations du moment, n'a jamais tenu compte des principes. Il voulut faire une loi parlementaire et libérale au lieu d'une loi de liberté.

Nous ne terminerons pas sans reconnaître de nouveau que, si la loi de 1850 n'a pas tenu, il s'en faut, toutes les promesses de ses auteurs, que si elle n'a pu porter les fruits que promettait le programme catholique, elle a permis de faire du bien. Nous devons rappeler aussi, qu'à partir du jour où elle fut appliquée, l'*Univers* lui donna tout son appui, et que chaque fois que le gouvernement — Empire ou République — a voulu l'entamer, nous l'avons défendue.

UN SECOND PLAIDOYER DU *CORRESPONDANT*

LA LOI DE 1850

Nous avons montré le *Correspondant* usant de l'équivoque pour conserver à M. de Falloux le mérite, non pas *d'avoir fait l'expédition de Rome*, — on n'ose plus dire cela — mais d'y avoir *eu la part principale*, — ce qui est encore beaucoup trop. Nous allons le voir recourant à des procédés identiques pour surfaire la loi de 1850 et en garder à son client, comme à son école, tout l'honneur.

Premièrement, il écarte, sans le dire, le fond du débat, de telle sorte que le lecteur ne peut se rendre compte de l'opposition que rencontra tout de suite parmi les catholiques le projet de loi. Vainement nous avons rappelé quel était, lorsque M. de Falloux se mit à l'œuvre, l'état des esprits et des choses quant à la question de

1. Le *Correspondant* ayant essayé de répondre à ce que j'avais dit du rôle de M. de Falloux dans la loi de 1850, je donne la réponse que je lui fis.

l'enseignement; vainement nous avons prouvé que cette question était mûre et dit dans quelles conditions elle avait mûri; le *Correspondant* passe outre. C'est qu'en effet il ne pourrait aborder ces points sans laisser voir que M. de Falloux, ses patrons et ses alliés, se mirent en dehors du programme catholique, un programme soutenu par tous les fils militants de l'Église, approuvé hautement de tout l'épiscopat et sanctionné à Rome; d'où l'on peut conclure qu'il était légitime, conforme aux principes et praticable.

Le *Correspondant* évite également de s'expliquer sur le caractère de la commission ministérielle formée avec trop d'habileté par M. de Falloux et sur les différentes phases de ce grand débat. Il ne cherche même pas à couvrir les faussetés dont abondent à ce sujet les *Mémoires d'un royaliste*. Tout son travail consiste, d'abord à nous reprocher d'avoir mal parlé des auteurs de la loi : « Un tel langage, s'écrie-t-il, appliqué à de tels hommes ! », puis à dire, à répéter, à ressasser que la loi de 1850 a donné tout ce que l'on pouvait obtenir, qu'elle a été bien faite et qu'elle a fait du bien.

C'est déplacer la question. Que cette loi ait fait du bien : nous l'avons dit des centaines de fois et nous le répéterons autant qu'on le voudra. Qu'elle ait donné tout ce que l'on pouvait obtenir : il y a doute. Qu'elle ait mieux valu que toute autre : nous le nions. C'est là, d'ailleurs, une hypothèse sur laquelle on pourrait discuter sans fin. Tout le monde voit ce qu'on a tiré de la loi de 1850 ; qui peut dire ce qu'on aurait tiré d'une loi de liberté ?

Mais, nous le répétons, le débat soulevé par les *Mémoires d'un royaliste* est autre : il s'agit de savoir si M. de Falloux, qui n'a pas *fait l'expédition de Rome*, a fait la loi de 1850 et donné aux catholiques la liberté de l'enseignement. Nous avons dit et nous prétendons avoir établi que s'il avait mis très activement la main à cette loi, elle n'était pas son œuvre ; que s'il avait eu alors beaucoup d'action, cette action n'avait pas toujours été bonne ; qu'il avait plus songé aux intérêts politiques des conservateurs qu'aux intérêts permanents des catholiques ; qu'enfin il s'était fait l'instrument de M. Thiers au lieu d'être l'homme des justes revendications dont le parti catholique était né.

Voilà les points qu'il fallait aborder. Aux faits très précis et très nombreux que nous avons rappelés, il fallait en opposer d'autres, si d'autres leur étaient opposables. Le *Correspondant* ne tente rien de pareil. Il explique au long que, dans l'intérêt de la société, de l'Église et de l'Université la loi devait *affranchir l'enseignement de l'Église* et *améliorer l'enseignement de l'État*. Il ajoute qu'elle y a *réussi* dans *une certaine mesure*. Cette certaine mesure est bien incertaine, et le *Correspondant* se montre sage en restant ainsi dans le vague.

L'*enseignement de l'Église*, mot impropre en la circonstance, n'était pas *affranchi*, puisque le projet Falloux ne conférait pas aux congrégations le droit d'ouvrir des écoles et laissait à l'Université la *juridiction*, la *collation des grades*, l'*inspection*, le *gouvernement tout entier de l'enseignement*. — Ce résumé est de M. Thiers, et orsqu'il le fit à la tribune, aucun des catholiques gagnés au projet ne put protester. C'était si vrai !

L'*enseignement de l'État* ne fut pas *amélioré*. Si nous nous trompons, que le *Correspondant* précise dans quelle *certaine mesure* il le fut. On nous dit que M<sup>gr</sup> Parisis, qui n'était ni tout à fait pour la loi ni tout à fait contre elle, espéra qu'il y aurait *amélioration*. Il faudrait prouver que les espérances de ce grand évêque n'ont pas été déçues.

Voici qui est plus hardi. Le *Correspondant* déclare que l'*Univers*, M. de Cazalès et leurs amis, en repoussant le mariage de l'école catholique, restée mineure, avec l'Université qui gardait le *gouvernement tout entier de l'enseignement*, demandaient *la séparation de l'Église et de l'État dans l'école* et faisaient ainsi du libéralisme à outrance.

Pas du tout ! Nous demandions que les catholiques fussent les maîtres chez eux, au lieu d'y subir la loi d'une corporation n'ayant, en principe et en droit, aucune religion, puisqu'elle les a toutes, et, se montrant en fait, foncièrement hostile à nos croyances. Nous eussions, d'ailleurs, trouvé très bon qu'elle cessât pour son compte de se séparer de l'Église. Nous ne prétendions pas l'empêcher d'aller à confesse. Quant à notre libéralisme, le *Correspondant*, expert en cette matière, oublie que le programme auquel nous restions fidèles avait obtenu au plus fort de la lutte le concours de tout l'épiscopat et la sanction de Rome. Ce n'était pas du libéralisme, c'était la revendication d'une liberté légitime, indispensable, féconde, qui fonctionnait, brillamment et chrétiennement, en Belgique et ailleurs.

Autre sophisme du *Correspondant*. — Vous prétendez, nous dit-il, qu'on eût pu obtenir de l'Assemblée de 1849 plus que M. de Falloux ne lui a demandé ; mais si cela était facile, pourquoi vos amis, membres de cette Assemblée, n'ont-ils rien obtenu ? Pourquoi M<sup>gr</sup> Parisis, qui, *à vous entendre, n'aurait eu qu'à parler pour défaire et refaire ce qui avait été mal fait*, n'a-t-il rien tenté ? Cela dit, le *Correspondant* ajoute d'un ton non moins superbe : Vous n'avez rien fait, parce que le projet de loi était le *maximum de tout ce que l'Assemblée pouvait accorder*.

Les parlementaires du *Correspondant* se moquent un peu trop ici de leurs lecteurs. Ils savent très bien que dans toute assemblée, du moment où les chefs de la majorité et le gouvernement sont d'accord pour demander une transaction, le vote est assuré. La demi-mesure, c'est le fond du parlementarisme. Les plus fermes s'y laissent aller, et le nombre, sous prétexte de conciliation ou de discipline, y est toujours disposé. M. Thiers, le principal auteur de la loi de 1850 ; M. l'abbé Dupanloup, son aide passionné ; M. de Falloux, son très habile auxiliaire, n'ignoraient point cela. Ils manœuvrèrent en conséquence. La commission chargée de préparer la loi fut surtout composée d'hommes souples ou déjà gagnés, qui devaient faire et firent consciencieusement ce qu'on leur demandait. Le triumvirat, sûr de la Commission, était sûr aussi d'avoir pour appui dans la Chambre : M. Molé, homme de juste-milieu ; M. le duc de Broglie, à la fois universitaire et catholique ; M. Berryer, assez indifférent en ces matières. Ils avaient conquis M. de Montalembert : la majorité devait suivre ; elle suivit. C'est ainsi que nous avons vu en 1871 une Assemblée aux deux tiers, sinon aux trois quarts royaliste, se laisser berner par quelques parlementaires, M. Thiers en tête et M. de Falloux dans la coulisse, au point d'ajourner d'abord la monarchie, puis d'aboutir à la République.

En 1849 comme toujours, la majorité se laissa

faire. Elle eût pu suivre une autre voie si MM. de Falloux, Dupanloup, de Montalembert, qui eussent facilement entraîné M. Berryer et peut-être M. Molé, s'étaient mis d'accord avec M^{gr} Parisis pour réclamer une loi conforme au programme catholique, une loi de liberté. Il est probable que M. Thiers lui-même se serait rendu, puisqu'on laissait à l'Université son budget et toute son organisation. D'ailleurs, si l'on avait perdu des voix au centre, on aurait pu en gagner à gauche. Mais « les chefs » voulaient avant tout une loi politique qui unirait à jamais les diverses fractions du « parti de l'ordre », et l'on manqua l'occasion d'émanciper l'enseignement chrétien.

Qu'on ne l'oublie pas ! la situation des esprits et des partis permettait de frapper un grand coup. L'Université, très bien vue de l'Assemblée constituante, était suspecte à l'Assemblée législative. Les conservateurs, entrant dans une voie où les catholiques avaient longtemps marché seuls, dénonçaient l'action déplorable exercée par un grand nombre de professeurs. Le rôle des instituteurs primaires dans les élections, le très actif concours qu'un grand nombre d'uni-

versitaires marquants donnaient à la propagande
démocratique et sociale, tout contribuait à soulever l'opinion contre la suprématie de la corporation enseignante. Le monopole de l'Université avait porté ses fruits. On les voyait, on
en souffrait : la cause de la liberté de l'enseignement était gagnée. Et quel appui nous donnait l'exemple de la Belgique, où cette liberté
florissait ! Chimère, s'écrie le *Correspondant*.
La chimère et la faute ne furent-elles pas de
renier le programme catholique pour fusionner avec l'Université, dans le vain espoir de
protéger ainsi l'ordre social ?

Nous avons suivi le *Correspondant* sur ce
terrain, afin de lui prouver qu'il avait eu tort
d'y porter la cause de M. de Falloux; mais
nous devons lui faire remarquer que, même s'il
avait établi l'excellence de la loi de 1850, il
n'aurait pas prouvé que tout l'honneur en revenait à M. de Falloux. Le ministre de 1849
fut seulement l'ouvrier le plus en vue de cette
œuvre très mêlée. S'il la présenta, d'autres
l'avaient rendue possible, d'autres en détermi-
nèrent l'esprit et les bases, d'autres la défen-
dirent, l'améliorèrent et la firent voter. Ce sont

9.

là des faits indéniables. Aussi le *Correspondant* n'y touche-t-il point. Au total, M. de Falloux n'a pas plus été l'auteur de la loi de 1850 que le chef des ateliers de la tour Eiffel, qui doit être un habile homme, ne sera l'auteur de cette tour.

Peut-être quelque lecteur se pose-t-il cette question : comment M. de Falloux, qui n'a eu qu'un rôle très secondaire dans l'expédition de Rome et qui, dans la loi de 1850, n'a été qu'un lieutenant, dont le concours s'est arrêté long-temps avant la fin du combat, a-t-il passé pour l'homme de ces deux grands actes ?

D'abord la loi de 1850 fut la loi Falloux, parce que ce fut lui qui la présenta ; amis et ennemis lui conservèrent ce nom, y voyant les uns et les autres un avantage pour leur cause. Les amis, catholiques libéraux et royalistes parle-mentaires, trouvaient bons d'accroître ainsi la renommée et l'influence du plus agissant de leurs chefs. Les ennemis, universitaires abso-lus, républicains ou impérialistes-révolution-naires, estimaient qu'en donnant à cette loi un cachet clérical et royaliste, ils en auraient plus facilement raison. La loi de 1850 devint aussi l'œuvre personnelle de son signataire. Et qui donc, après de longues années, pouvait se rappeler ou rechercher de quel concours d'efforts elle était le fruit ?

Il en fut de même pour l'expédition de Rome. M. de Falloux n'y avait eu officiellement aucun rôle, et, certes, il n'était pas prépondérant dans le Conseil. Quant à la Chambre, elle était si peu disposée à l'écouter qu'il dut se taire tant qu'il y eut doute sur le résultat. Mais comme il représentait les catholiques et les royalistes, les opposants lui attribuèrent toute décision favorable au Pape. C'était une tactique. Sachant combien M. Odilon et même M. Drouin de Lhuys redoutaient l'accusation de cléricalisme, l'opposition croyait par ce moyen refroidir leur zèle pour le pouvoir temporel et diviser le Conseil. Plus tard, M. Drouin de Lhuys, trop soumis à la politique impériale, et M. Barrot, convaincu que l'expédition de Rome avait nui à sa *popularité*, ne tinrent guère à rappeler leur conduite de 1849. Ce beau souvenir gênait l'un et importunait l'autre. De plus, les impérialistes italianisés, notamment le prince Napoléon, jugèrent habiles de couvrir l'évolution de Napoléon III en disant qu'au début de sa présidence il avait subi l'influence des cléricaux, par conséquent de M. de Falloux. Celui-ci trouva la chose de bonne prise et s'en para comme certain geai fit de certaines plumes. Quelques réclamations s'élevèrent çà et là ; mais comme, à droite et à gauche, l'esprit de parti trouvait son compte à fausser l'histoire, il fut à peu près admis que M. de Falloux avait *fait l'expédition de Rome.* Peut-être finit-il lui-même par le croire ; cependant il dut en être moins convaincu que d'autres. Il était temps, pour empêcher la prescription au profit de l'erreur, de rétablir, quant aux affaires romaines et à la loi de l'enseignement, la vérité. C'est chose faite, et nous pourrions en rester là si certaines paroles du *Correspondant* n'appelaient une dernière rectification.

Dans son second article, qui n'ajoute rien au premier et où il se défend mal d'avoir trop travaillé le texte de M. Barrot, notre contradicteur déclare, qu'en réfutant M. de Falloux et ses suivants, nous avons manqué de respect à *deux Papes*, ainsi qu'à un Nonce, *leur représentant à Paris.* Il dit même que nous

avons donné à ces deux Papes et à ce Nonce
un *démenti*. Cela est *singulièrement grave*,
ajoute-t-il.

Ce qui est grave et déplorable, c'est de voir
un recueil auquel tant d'hommes importants
donnent leur concours, discuter de la sorte.
Sait-on pourquoi nous avons manqué de *respect*
à deux Papes jusqu'à leur donner un *démenti*.
C'est parce que ces deux Papes, Pie IX et
Léon XIII, ayant à trente-cinq ans de distance
loué incidemment, en termes généraux, M. de
Falloux, nous ne pouvions légitimement dénon-
cer dans les *Mémoires d'un royaliste* une œuvre
de vanité et de vengeance, bourrée d'outrages,
de faussetés et de calomnies.

Notez que les paroles des deux illustres Pon
tifes ne disent pas du tout que M. de Falloux
ait fait l'expédition de Rome et qu'on lui doive
tout particulièrement la loi de 1850. Pie IX, qui,
d'ailleurs, ignorait alors la vraie situation et le
vrai rôle de M. de Falloux dans le ministère, le
louait simplement, non pas d'avoir eu, comme
se permet de l'affirmer le *Correspondant*, « la
principale part » dans la politique qui avait
relevé le trône pontifical, mais d'avoir en cette

circonstance *bien mérité* du Saint-Siège. Les mots : *principale part* sont une invention du *Correspondant*. Elle est hardie, cette invention ! Quant à la parole de Léon XIII, elle n'est extraite ni d'un bref, ni d'un document venant du Pape, mais d'un journal quelconque qui l'a rapportée d'après les oreilles d'un anonyme. Et que dit-elle ?

Elle qualifie M. de Falloux de *bon et grand serviteur de l'Église*. Certes, l'éloge est beau. Il prouve que le Souverain Pontife, ayant devant lui cet homme important, voulut, en père tendre et généreux, louer ses mérites et ne pas se rappeler s'il avait eu des torts. Mais cet éloge, tel qu'on le rapporte et si large qu'il soit, ne dit pas du tout que la loi de 1850 et l'expédition de Rome soient dues à M. de Falloux.

Ni Pie IX ni Léon XIII n'ont donc tenu le langage que, par une extension très abusive, leur attribue le *Correspondant*. Celui-ci, comprenant que ses interprétations clochent, veut les appuyer d'une lettre que Mgr di Rende, nonce du Pape à Paris, écrivit quand M. de Falloux mourut. Cette lettre de condoléance, adressée à un ami du mort, qui la publia, n'a pas le caractère que le *Correspondant* veut lui donner. Il n'en fera pas un document pontifical portant le jugement du Saint-Siège sur la vie publique de M. de Falloux. C'est l'œuvre personnelle d'un prélat plein de charité, d'un diplomate courtois et homme d'esprit, qui, vu la circonstance, aime mieux louer beaucoup que courir le risque d'affliger son correspondant en ne louant pas assez. Cependant, si M$^{gr}$ di Rende fit ce jour-là très large mesure à l'ancien ministre de Louis-Napoléon, il n'alla pas jusqu'à montrer en lui le restaurateur du trône pontifical et l'homme auquel la France devait l'enseignement chrétien. Non, il le représenta seulement comme ayant mis, avec un zèle et un succès particuliers, son pouvoir de ministre au service de ces deux grandes causes.

Si nous blâmons le *Correspondant* d'avoir fait parler Rome plus qu'elle ne l'a jugé bon, nous comprenons qu'il ait cherché, dans la phrase incidente de Pie IX et dans les quelques mots de Sa Sainteté Léon XIII, un appui pour M. de Falloux. Mais les convenances, l'esprit de soumission et de justice lui commandaient d'abord d'en respecter rigoureusement le sens, puis de

n'en pas faire contre nous un argument de polémique.

De plus, puisqu'il estime que des catholiques
manquent au devoir s'ils réfutent, même pour
se défendre, un homme honoré, dans une circonstance quelconque, des éloges du Saint-
Père, pourquoi s'est-il associé à tant d'attaques
contre Louis Veuillot ? Rome, cependant, a loué
souvent et largement ce militant. Et ce n'est
pas incidemment par circonstance, que des
approbations louangeuses lui ont été données.
C'est pendant le combat et pour le fortifier que
Rome l'a béni. Les pièces existent, le *Correspondant* et ses acolytes les connaissent, car
elles ont été publiées à leur date, selon la
volonté du Chef de l'Église, et ont leur place
dans l'histoire des luttes religieuses de ce
temps. Cela a-t-il empêché M. de Falloux
d'écrire les *Mémoires d'un royaliste*, ses amis
de les publier, le *Correspondant* de les glorifier? Et toute cette école ne s'est-elle pas ré-
jouie de voir que dans ce livre posthume Louis
Veuillot était calomnié ? N'y a-t-elle pas cherché
des armes ?

Si tant d'actes officiels du Saint-Siège vous

laissent contre Louis Veuillot la liberté de l'outrage, pourquoi quelques paroles louant ce que
M. de Falloux a pu faire de bien m'enlève-
raient-elles, quand l'honneur de mon frère et la
vérité sont en cause, le droit de faire justice
d'un calomniateur et de quiconque propage ses
calomnies ?

### CHAPITRE IX

## LE ROYALISTE PARLEMENTAIRE

M. de Falloux a été élevé dans un milieu où le dévouement au « trône et à l'autel » se traduisait par cette phrase : « Royaliste avec le Roi, catholique avec le Pape ». C'était bien dit et bien pensé, sauf quand, le gallicanisme s'en mêlant, on prétendait subordonner l'autel au trône. A ce programme de ses premières années, M. de Falloux, devenu homme politique, en substitua et pratiqua un autre, qui se résume ainsi :« Royaliste contre le Roi, catholique contre le Pape. » Voici, d'ailleurs, son texte : « ... Je commençai dès lors (1852) à connaître une *jouissance qui n'est pas sans saveur* : celle de demeurer fermement royaliste, en *pleine disgrâce du Roi*. J'y ajoutai bientôt une *seconde jouissance de même nature* : celle de rester fidèlement catholique en *pleine défaveur du Pape* » (t. II, p. 209).

Tout aussitôt, en sage bien convaincu d'avoir toujours jugé les hommes et les choses de plus haut et mieux que ne pouvaient les juger le Pape et le Roi, M. de Falloux ajoute : Qu'on ne m'accuse pas d'*orgueil*, j'ai obéi à ma *conscience*. Hum! acceptons cette rigidité de conscience. Mais s'il est déjà fâcheux pour un royaliste de rester une trentaine d'années dans la *pleine disgrâce* du Roi, combien il est plus fâcheux encore pour un catholique d'être, pour cause de doctrine, dans la *pleine défaveur* du Pape. Il y a lacune de cœur et de conscience à jouir de cette situation.

Le premier exemple de zèle royaliste que donna M. de Falloux fut de blâmer dès 1831, comme trop vulgaires, les attaques de la presse et des salons légitimistes contre Louis-Philippe; le deuxième, de ne pas se trouver en Vendée lorsqu'y vint la duchesse de Berry. Il avait cependant promis d'y être; mais les circonstances, dit-il, ne lui permirent pas de tenir sa parole. En réalité, convaincu que l'entreprise devait échouer, il ne voulut pas s'y compromettre.

Déjà, comme son futur allié, Victor Cousin, il était de l'école du succès. L'homme qui se conduit de la sorte à vingt et un ans pourra montrer de l'habileté, il n'aura jamais de grandeur.

C'est aussi en sage disposé à devenir frondeur que, deux ans plus tard, le jeune Alfred de Falloux se rendit près de la famille royale exilée. « Je voulais juger par moi-même, dit-il, autant que cela me serait accordé, ce que l'avenir pourrait attendre des qualités naturelles et de l'éducation de M. le duc de Bordeaux. » Ce juge, déjà si sûr de lui, avait de vingt-deux à vingt-trois ans, et le prince qu'il allait inspecter afin d'être fixé sur l'*avenir* n'en avait pas encore quatorze! Le récit est, d'ailleurs, moins présomptueux que l'exorde. Le duc de Bordeaux y est personnellement bien traité; il donne des espérances : « C'est un diamant qui *n'est pas monté*; » mais une note d'étroitesse est discrètement jetée sur la famille royale elle-même, et plus encore sur « l'entourage ». C'est que M. de Falloux prétendra plus tard justifier par l'entourage son opposition.

L'esprit critique s'accentue lors d'une nouvelle visite en 1839. Le prince, devenu un jeune homme, manque d'initiative; il se laisse gouverner par des serviteurs dévoués, mais bornés.

Il touche à ses vingt ans, il est Roi, et ne sait pas avoir une volonté. A peine ose-t-il recevoir les royalistes fidèles et intelligents qui viennent lui présenter leurs hommages. Il s'interdit ou se laisse interdire toute conversation sérieuse. Et qui donc écoute-t-il ? Qui donc le gouverne ? C'est le duc de Lévis, *gros petit* homme d'*aspect peu distingué*, qui pouvait toucher par la loyauté de ses intentions et « la droiture théorique de son esprit », mais « lent, méticuleux, grossissant les difficultés pour s'en faire un rempart, et se croyant volontiers habile quand il avait remplacé une négative par un ajournement ». Ce n'est pas tout le portrait, mais ces traits suffisent. Un pareil conseiller, conclut M. de Falloux « eût été admirable près d'un téméraire : il était dangereux auprès d'un prince aussi *naturellement réglé* que M. le comte de Chambord ». Tout le chapitre est de ce ton. Quelques mots sur l'amabilité et la bonté du prince ne le rendent que plus perfide, plus rapetissant. J'y cueille encore cette phrase : « ... Le genre de timidité qui régna dans l'entourage de M. le comte de Chambord dès sa jeunesse donne la clef des défauts qui sont devenus plus tard *des calamités publiques.* »

Voilà comment, dès 1839 ou 1840, ce royaliste jugeait son Roi ! Mais est-ce bien le jugement de 1840 que nous donnent ici les Mémoires ? N'est-ce pas, au contraire, le parlementaire, le libéral, le fusionniste, passé d'esprit et de cœur à la branche cadette, que nous entendons ? M. de Falloux a antidaté ses prétendues craintes, afin de justifier la conduite qu'il tint plus tard.

Nul doute, d'ailleurs, que son royalisme ne fût déjà porté aux accommodements. Le libéralisme le gagnait, et puis il voulait jouer un rôle. Ce désir le poussa vers le parti catholique, mal vu alors des chefs du parti légitimiste et du comte de Chambord lui-même. Mais s'il devint l'allié du comte de Montalembert et de l'*Univers*, qui avaient pour base d'opération l'acceptation du régime établi, il sut cependant ne pas se brouiller avec ses anciens amis politiques. Seulement, certains de ceux-ci commencèrent à craindre que M. de Falloux ne fût point très sûr. Leur doute put devenir une certitude quand ils le virent adhérer, d'un cœur radieux comme un beau soleil de mai, au régime républicain. Si d'autres royalistes saluèrent aussi alors cette ère nouvelle, aucun n'y mit tant de hâte ni tant de feu; aucun, je crois, ne voulut dire aussi formellement : Je suis républicain! D'autres acceptaient avec plus ou moins de confiance ou de crainte le fait accompli, M. de Falloux le glorifiait. C'était de l'exaltation. N'allat-il pas jusqu'à donner la canaille révolutionnaire de Paris en modèle aux hommes d'État; jusqu'à dire que ni les Chambres de l'Empire, ni celles de la Restauration, ni celles du gouvernement de Juillet n'avaient égalé en dignité les héros des journées de février 1848!

Un révolutionnaire de vieille date, un libéral renforcé peut parler de la sorte et devenir ensuite bon royaliste; mais le royaliste de naissance et d'éducation qui s'égare à ce point, même par calcul, a certainement cessé de croire à la royauté. M. de Falloux en était là, et c'est pourquoi il était plus propre qu'aucun autre légitimiste de la veille à devenir ministre de la République et de Louis-Napoléon.

Sorti du ministère et comprenant que le Président ne l'appellerait plus dans son Conseil, il s'occupa de la « fusion ». Les orléanistes devaient décider la maison d'Orléans à reconnaître les droits du comte de Chambord, et il appartenait aux légitimistes de gagner celui-ci au parlementarisme. M. de Falloux se mit naturellement à cette besogne.

Nous ne le suivrons pas dans tout ce qu'il raconte plus ou moins exactement à ce sujet. Il suffit de dire qu'il traite avec dédain les royalistes notables qui n'entrèrent pas dans ses vues : celui-ci n'avait qu'à s'effacer et savait au moins le faire, celui-là était ambitieux sans nul droit de l'être, cet autre manquait de sérieux dans sa vie et d'autorité dans sa parole. Si dans le tas se trouvait un homme de quelque esprit, c'était un esprit faux. Bref, quiconque ne pensait pas comme M. de Falloux, était nul, ou vaniteux, ou sot. Après avoir bien indiqué cela, il fait paraître le comte de Chambord et le dénonce, à mots peu couverts, comme ne sachant ni agir, ni se taire, manquant d'ouverture ou de droiture, n'ayant ni la connaissance des affaires, ni le discernement des hommes. Que ne consultait-il M. de Falloux — un ancien ministre ! — il eût été parfait ! Et voilà que tout à coup, en août 1850, ce prince s'avise de déclarer que désormais il gouvernera son parti. Le coup dut être bien dur à M. de Falloux, car trente ans après il n'en était pas encore remis. C'est avec un mélange de stupéfaction, de colère et de dédain qu'il en parle dans ses Mémoires.

L'incident eut, d'ailleurs, pour l'ex-ministre de Louis-Napoléon un agréable lendemain. Le groupe très remuant des légitimistes parlementaires réclama si fort contre cette prise de possession du pouvoir par le Roi, il affirma avec tant d'assurance que la maison d'Orléans se soumettrait si M. Berryer et les siens obtenaient la direction du parti royaliste, que le comte de Chambord institua un nouveau comité où M. de Falloux fut appelé. Il en éprouva une grande satisfaction d'amour-propre, mais resta hostile. Quelques mois plus tard, Berryer prononça un discours, teinté de libéralisme et de fusionisme, dont le Prince le remercia officiellement. Les royalistes parlementaires et les orléanistes, ralliés sous réserve à la légitimité, se déclarèrent très satisfaits, et ce fut tout. La fusion ni ne se fit ni ne se prépara.

M. de Falloux avait enfin rang officiel dans le Comité. Il se rendit près du Roi pour le remercier, et surtout pour l'enseigner et le subjuguer.

Reviendrait-il de Venise quelque chose comme maire du Palais ? Il fut très bien reçu. Le comte de Chambord lui montra de grands égards, l'écouta avec attention, dut le trouver aimable, mais ne fut pas séduit. La suite l'a prouvé.

Les Mémoires racontent au long, non sans y faire un choix, les entretiens du Prince et de son aspirant conseiller. Celui-ci, qui eût regardé son *voyage comme insuffisant s'il n'en avait rien rapporté au bénéfice de la France*, c'est-à-dire aucune concession de nature à contenter les orléanistes, déclare à la fin de son chapitre qu'il fut content. « Je regagnai la France, dit-il avec une reconnaissance profonde, une espérance fortifiée et une ardeur rassurée. »

Que signifient ces paroles, lorsqu'il résulte du récit même des Mémoires que M. de Falloux n'avait, en somme, au point de vue politique, rien obtenu ? Faut-il y voir une illusion née de la bonne grâce de l'accueil royal ! Non, il y faut voir un calcul. En cet endroit comme en plusieurs autres, M. de Falloux veut donner à penser que le Prince, soit faiblesse de caractère, soit dissimulation, avait pour ses interlocuteurs de bonnes paroles qu'il ne tenait pas.

Outre le duc de Lévis, le comte Théodore de Quatrebarbes était en ce moment un des hôtes du Roi. Les chefs du parti légitimiste surent tout de suite par ces deux témoins que M. de Falloux avait été mieux reçu pour sa personne que pour ses idées. Il ne put lui-même s'y méprendre. C'est en 1851 qu'il fit ce voyage; or à la date de 1852, les Mémoires le montrent *savourant la jouissance* d'être *en pleine disgrâce du Roi*. Si ses vues avaient été acceptées en mars 1851, il n'eût pas eu, quelques mois plus tard, cette grande jouissance de la *pleine disgrâce*. Dès 1851, il voulait l'abandon du drapeau blanc, et le Roi avait dû le lui reprocher.

D'ailleurs, les Mémoires eux-mêmes prouvent, quelques pages plus loin, que M. de Falloux, au lieu d'une *espérance fortifiée*, emporta une déception.

A peine rentré à Paris il critiquait le Prince, regrettant qu'il ne sût pas avoir « vis-à-vis de ses cousins quelque mouvement spontané ou quelque parole heureuse à la façon d'Henri IV». Et un peu plus loin, il s'indigne contre la politique des « bons procédés apparents et des sentiments contraires ». C'est de juillet 1851, s'écrie-t-il, que date le double jeu, les deux politiques *dissimulées l'une à l'autre, tant que la dissimulation est possible.* C'est une accusation formelle de déloyauté contre le comte de Chambord. Mais qui donc ne sera pas convaincu qu'ici l'homme déloyal, c'est M. de Falloux?

Le coup d'État du 2 décembre est fait. L'ancien ministre de Louis-Napoléon se trouve parmi les vaincus et subit trois jours de détention au Mont-Valérien. Ce fut tout son martyre. Avait-il été des plus ardents contre Louis-Napoléon, comme on devrait le conclure des Mémoires? Avait-il au contraire, comme l'a raconté M. Granier de Cassagnac, fait demander au Président par le baron de Heckeren de s'arranger avec la droite pour reviser même de force la constitution? Ce point étant en dehors de notre sujet, nous passons outre. Notons seulement qu'au lendemain du Deux-Décembre M. de Falloux ne parût point disposé à prendre rang parmi les irréconciliables. On répandit de lui ce joli mot, que nous n'entendîmes pas, mais que des amis communs nous rapportèrent : « Je fais mon possible pour paraître résigné : au fond, je suis très satisfait. » Tel fut, d'ailleurs, le caractère de sa conduite au début. Il n'écrivit rien, mais il parla et M. de Montalembert, se conformant à son *invitation formelle* et *spontanée*, put dire dans une réunion de napoléoniens que M. de Falloux demandait à ses amis de ne pas voter contre la ratification du coup d'État. De plus, il promettait de ne pas prendre vis-à-vis du pouvoir nouveau l'attitude hostile que son parti avait eue contre la monarchie de Louis-Philippe. J'ai copie authentique d'une lettre de M. de Montalembert à M. de Falloux où tout cela est dit. Elle montre en outre, cette même lettre, que M. de Montalembert n'avait qu'une confiance inquiète dans la sincérité de son correspondant [1].

Si M. de Falloux n'était plus député, il restait homme politique. Il le fit voir au comte de Chambord par une constante opposition à ses vues. Le Prince avait prescrit aux royalistes de ne pas être candidats aux fonctions électives puisqu'ils ne pouvaient les remplir sans prêter serment. M. de Falloux fit une campagne en

1. On trouvera cette lettre à l'appendice.

sens contraire. Non content d'aller contre les instructions royales, il les discutait et condamnait avec dédain. Les Mémoires ne rapportent pas tout ce qu'il dit et écrivit alors, mais que de passages cependant y dénoncent le parti pris d'abaisser le Roi ! N'est-ce pas, en effet, le Roi lui-même que frappe et veut frapper M. de Falloux quand, dans ses conseillers les plus intimes et les seuls écoutés, il dénonce des esprits étroits et malfaisants, des aveugles parmi lesquels on peut rencontrer çà et là un borgne ? « Les hommes qui nous jugent si étrangement, écrivait-il à Berryer, ne sont coupables que par l'*intelligence*... Quand l'*incapacité* s'élève par ses résultats, aux proportions de la *trahison*, trop de ménagement pour elle devient de la complicité » (t. II, p. 175). Et pour ne pas être complice, il ne ménageait ni « l'entourage » ni le Prince qu'il accuse à mots peu couverts d'*infirmité de jugement*. « Vous avez probablement raison, lui répondait Berryer ; oui, Monsieur le comte de Chambord a de grosses écailles sur les yeux. » Puis, le grand orateur, qui n'avait pas de haine et tenait plus à parler qu'à gouverner, ajoutait bien vite : « Mais dès qu'il touchera le sol de la patrie, ces écailles tomberont, et vous verrez un beau règne. »

M. de Falloux n'avait pas de ces retours ou de ces remords ; il détestait le Prince, voyant en lui non seulement un homme qui ne l'appréciait pas, mais aussi un roi qui voudrait être le maître. Ce dernier sentiment est marqué en maints endroits des Mémoires. M. de Falloux, qui s'était indigné qu'à trente ans le comte de Chambord eût voulu prendre la dircction de son parti, le condamna définitivement comme un esprit *inquiet, exclusif*, quand il désespéra de trouver jamais en lui l'homme du *régime parlementaire*. Cela est bien expliqué à la page 196 du second volume des *Mémoires d'un royaliste*. C'est dès 1852 que M. de Falloux s'en prit définitivement au Roi. Jusqu'alors il n'avait vu en lui qu'un prince sans discernement, se laissant mener par des courtisans d'une « ignorance invincible » ; mais à partir de cette date, le comte de Chambord « sembla, dit-il, démasquer un certain absolutisme tenu en réserve, et il affecta de ne plus demander de conseil à personne, ce qui est pire que d'en demander quelquefois à de mauvais conseillers ».

Il n'est pas certain que le Prince ne voulut plus de conseils, mais il est certain que M. de Falloux voulait être conseilleur. Il cite de nombreuses pages des diverses consultations qu'il rédigea de 1850 à 1862, en vue d'éclairer son Roi. Toutes ont un cachet de suffisance et d'impertinence très marqué. En même temps qu'il faisait passer à Frohsdorf des avis qu'on ne lui demandait pas, il continuait d'entraver de son mieux la politique royale. C'était le chef de la faction des royalistes parlementaires et insoumis. — Soyez candidats malgré le Roi, disait-il, en substance, à ses amis, et si vous êtes élus, prêtez serment de fidélité à l'empereur : cela n'engage à rien.

M. de Falloux n'eût pas été lui-même si, dès que l'on s'occupa de la fusion, il n'avait pas lâché le drapeau blanc. Nul, parmi les royalistes, n'accepta d'un cœur plus léger cet abandon. Aussi, lorsqu'en 1856 on travailla de nouveau à l'union des deux branches de la maison de France, l'opinion en fit-elle l'entraîneur des légitimistes qui au panache blanc d'Henri IV voulaient substituer la cocarde tricolore, et on l'appela le chef des *cocardiers*. Il montre dans ses Mémoires que ce sobriquet l'agaça. Mais il importait peu que M. de Falloux et nombre d'autres reniassent le drapeau blanc si le Roi prétendait le garder. Eh bien ! on sortirait de l'impasse en forçant la main au Roi ; on l'engagerait malgré lui. Et cela fut tenté. On conta dans les salons, on écrivit dans les journaux que le comte de Chambord acceptait le drapeau tricolore. La *Gazette de France* releva ces bruits et y dénonça l'œuvre de M. de Falloux. De là une assez vive polémique. M. de Falloux nia qu'il eût écrit ou dicté l'article où un journal royaliste [1] avait dit : « Le roi abandonne le drapeau blanc. » La *Gazette* l'accusa d'équivoquer et maintint qu'il avait inspiré ce qu'il déclarait n'avoir pas fait.

Tant que le débat resta entre la *Gazette* et M. de Falloux, celui-ci, qui savait payer d'audace, fit bonne contenance. Mais un mot trop hardi donna la parole à M. Léo de Laborde, ancien député et ancien membre du comité royaliste central. C'était un homme ardent et d'une loyauté reconnue. Il accusa formellement M. de

---

1. Le *Moniteur du Loiret*.

Falloux de manquer à la vérité. « Non, Monsieur, votre mémoire n'est pas fidèle, » lui écrivit-il. Puis, citant des faits, rappelant des démarches, produisant une pièce inédite de M. Chapot, l'un des représentants du comte de Chambord, il affirma d'un ton roide et dur que son contradicteur poussait le manque de loyauté jusqu'à la *calomnie*. Là-dessus M. de Falloux fila. Seulement, au lieu de garder un silence absolu, il tenta maladroitement de faire illusion à la galerie. « La lettre de M. de Laborde, dit-il, m'apprend qu'il existe en d'autres mains (celles du Roi) un document étrange émané de M. Chapot. C'est là qu'il me convient de porter et de soutenir le débat. » Il ne porta aucun débat devant le comte de Chambord, et les Mémoires sont muets sur les démentis que lui infligea M. Léo de Laborde. Par exemple, M. Chapot y est traité d'homme *dangereux* et de *borgne* mêlé à des aveugles.

De la fin de 1861 à 1871, nous ne voyons rien, ni dans les *Mémoires d'un royaliste* ni dans la vie publique de M. de Falloux, qui modifie sa situation vis-à-vis du comte de Chambord. Il continua de se déclarer libéral et royaliste, de se dire dévoué au Roi et d'en parler avec dédain.

Les malheurs de la guerre avaient donné au suffrage universel quelques heures de bon sens. Une Assemblée souveraine où les hommes d'ordre, la plupart royalistes, comptaient les deux tiers des voix, venait d'être élue avec le droit, sinon le mandat exprès de faire un gouvernement. Nous n'avons pas à rappeler ici les faiblesses, les fautes, les intrigues qui empêchèrent cette majorité royaliste de remplir sa mission. Il suffit de dire que le grand obstacle vint des parlementaires. Ils étaient nombreux dans l'Assemblée et s'entendaient mieux que les vrais conservateurs et vrais monarchistes à manier les hommes. Or parmi eux les uns détestaient le comte de Chambord, les autres le redoutaient et tous voulaient qu'on lui imposât des conditions. De là des hésitations, des ajournements, des intrigues qui devaient tout perdre et, en effet, perdirent tout. Au lieu de rappeler loyalement et au plus vite le Roi, on voulait le diminuer avant de lui dire : Sauvez-nous ! Puisque l'intrigue prenait le pas sur le devoir, M. de Falloux devait être de la partie. Il prétend que dès lors il se défia de M. Thiers.

Cependant il fit son jeu, en conseillant de régler les conditions de la paix et de *reconstituer les forces publiques* avant de songer à la monarchie. Ses vraies défiances allaient au Roi. Il en parlait toujours avec persiflage et dédain : « Le comte de Chambord, écrivait-il à Mgr Dupanloup, croit que c'est le moment de promulguer ses prédilections intimes les plus inopportunes. »

Il se rendit à Versailles en juin 1871 pour suivre de près les choses et tâcher d'y intervenir. Les princes d'Orléans étaient là et parlaient d'aller voir, à Bruges, le comte de Chambord. Touchait-on au dénouement? Non, sans doute, puisque les parlementaires exigeaient des gages et n'avaient encore rien reçu. Mais la visite du comte de Paris au Roi, en même temps qu'elle les engagerait l'un et l'autre, ne porterait-elle pas celui-ci aux concessions?

Cette visite, déjà tardive, ne fut point faite. Le comte de Chambord était en France et préparait son manifeste du 5 juillet 1871. Aux communications verbales des intermédiaires chargés de lui annoncer la démarche de son cousin, il répondit par une note des plus courtoises qu'il était très heureux de cette nouvelle, mais qu'*il croyait devoir demander au comte de Paris de différer sa visite*. Il préférait ne le voir qu'après *le jour très prochain où*, lui, le Roi, *il aurait fait connaître à la France sa pensée tout entière*. Il ajoutait qu'il attendrait le prince à Bruges du 8 au 16 juillet.

Quoi de plus politique et de plus loyal que cet acte du Roi? S'il avait parlé après avoir reçu le comte de Paris, celui-ci devenait solidaire du manifeste royal ou devait le repousser publiquement. Dans le premier cas, il y avait une sorte d'escamotage ; dans le second, il y avait rupture définitive et scandaleuse. L'avis donné au petit-fils de Louis-Philippe protégeait donc tous les intérêts en cause, intérêts de dignité, de droit et de principe.

Mais pour les libéraux et les parlementaires ces raisons d'ordre supérieur disparaissaient devant un point capital : le comte de Chambord, parlant sans les consulter, affirmant son drapeau, revendiquant tout son droit, brisait leur trame. Aussi, avant même de connaître le manifeste, résolurent-ils de le condamner. Ce parti pris est visible dans le récit de M. de Falloux. Tout y est faussé au détriment du Roi et au profit des princes d'Orléans. On y représente ceux-ci comme ayant agi avec une discrétion, une droiture qui méritaient *l'affection et la confiance;* quant à celui-là, il est accusé de s'être donné de nombreux torts *de fond et de forme.* Il repousse la *main qui lui est tendue,* il est déraisonnable, il est *rétrograde,* il est *inflexible,* il *oublie ses engagements;* en d'autres termes, il manque à sa parole. Bref, c'est une sorte d'illuminé, qui semble « prendre son point d'appui dans une vision surnaturelle ». Tous ceux qui tentent de le faire renoncer à son manifeste, c'est-à-dire à son drapeau, échouent, même M<sup>gr</sup> Dupanloup, envoyé là par M. de Falloux, et qui *évoque en évêque les périls de l'Église.* Comme conclusion de ce haineux exposé, les Mémoires donnent ce jugement de M<sup>gr</sup> Dupanloup : « Je viens d'assister à un phénomène intellectuel sans exemple. Jamais je n'ai vu une *cécité morale si absolue.* »

Nous venons de relire ce manifeste. Jamais souverain n'a écrit une plus noble page. Si les tacticiens et les honnêtes gens qu'ils entraînèrent y avaient seulement condamné l'affirmation du drapeau blanc, on pourrait le comprendre; mais ils le condamnèrent tout entier, et rien ne prouve mieux combien la Révolution domine encore la plupart de ceux qui croient la combattre. La cécité morale absolue, elle est là.

Cette déception ne fut pas sans compensation pour M. de Falloux. Il y trouva une occasion nouvelle d'attaquer, de calomnier le comte de Chambord. La note du Roi au comte de Paris n'était connue que par ouï-dire. M. de Falloux, rentré en Anjou, ne manqua ni d'assurer qu'il en avait une copie exacte, — ce qui était vrai, — ni, selon son genre, de falsifier cette copie en la lisant aux royalistes angevins. Cette note, si courtoise, devenait de la sorte un billet hautain, dédaigneux, refusant toute entrevue, rendant tout accord impossible. Et quels commentaires M. de Falloux joignait à sa communication! Au premier moment, on fut trompé et consterné. Mais la réflexion vint, on eut des doutes, et, le passé du rapporteur aidant, on soupçonna quelque fourberie. M. le vicomte de Maquillé, président du comité royaliste, fit une enquête, et les soupçons que le premier il avait manifestés furent absolument confirmés. M. de Falloux, appelé devant le comité, se présenta, parla longuement, habilement, astucieusement, et ne put se justifier. Il sortit de cette séance après s'être entendu signifier qu'il avait menti. Je ne sais si le mot fut enveloppé d'un euphémisme ; mais, pour sûr, la chose y était. Je n'insiste pas sur cet incident, qui a été raconté tout au long, en termes d'une clarté parfaite et d'une modération exemplaire, dans l'*Univers* des 29 janvier, 4 et 11 février 1888, et pour lequel je renvoie à l'Appendice. Je rappelle seulement ici que six des membres du comité ont affirmé de leur signature la félonie de M. de Falloux. Voici leurs noms : vicomte de Maquillé, du Reau, comte d'Andigné, comte Charles de Quatrebarbes, M. de la Martinière, F. Cassin de la Loge.

Cette leçon ne changea rien ni aux habitudes ni aux habiletés de M. de Falloux. C'était un incurable. Les Mémoires renouvellent donc, au sujet des affaires monarchiques de 1873, des accusations identiques à celles que nous avons déjà relevées. Le comte de Chambord y reçoit les mêmes injures, aggravées çà et là des mêmes protestations de dévouement. Ici, le Prince *dépasse la limite de tous les aveuglements connus* et pousse « l'inconséquence à un degré qu'il n'est pas permis de soupçonner »; là, ce qu'il fait atteste « une évidente incohérence dans les sentiments et les résolutions »; ailleurs, *l'erreur de son jugement* lui fait suivre *aveuglément* de déplorables conseils. Et maintenant voici le mot de la fin, le mot du cœur : le comte de Chambord étant indécis, inconséquent, incohérent, paraissant croire en même temps à la *magie du drapeau blanc* et à *l'invincible puissance du drapeau tricolore*, aurait dû abdiquer. L'abdication n'a-t-elle pas été « maintes fois l'honneur d'un roi et le salut d'un peuple »? (T. II, p. 590, 591.)

Restons-en là. Nous devions montrer les sentiments de M. de Falloux pour le comte de Chambord. C'est à d'autres qu'il appartient de relever les allégations des *Mémoires d'un royaliste* contre l'honneur du Roi. Quelques-unes sont présentées assez habilement pour tromper beaucoup de lecteurs, et l'on ne comprendrait guère que les derniers confidents du Prince les laissassent passer [1].

1. Depuis que j'ai écrit ces lignes dans l'*Univers*, j'ai appris qu'un des plus fidèles et des plus éminents serviteurs du comte de Chambord prépare un ouvrage où la mémoire du Prince sera vengée.

### CHAPITRE X

## LE CATHOLIQUE LIBÉRAL

M. le marquis de Castellane, qui a beaucoup connu M. de Falloux et beaucoup retenu de ses enseignements, impressions et confidences, vient de *l'étudier* dans la *Nouvelle Revue*[1]. Le morceau porte un titre quelque peu prétentieux : *Essais de psychologie politique : le comte de Falloux*. Le psychologue marquis de Castellane se montre, dans ce travail, ami plus que disciple et pas du tout historien. Nous le féliciterions de n'être pas disciple si ses idées l'emportaient sur celles qu'il repousse, et nous regrettons qu'il ait tant donné à la fantaisie quand il promettait de l'histoire. Sa fantaisie est, d'ailleurs, aimable, et son style n'est pas sans saveur ; mais où donc a-t-il vu que M. de Falloux ait été comme ministre l'expression même des passions, des vues, des doctrines du catholicisme militant et se soit appuyé sur cette force pour *fonder le parti des catholiques libéraux ?* Catholique

1. Numéro du 1er mai 1888.

libéral, M. de Falloux l'a été de tout son esprit, de toute sa volonté, mais il n'a pas plus fondé cette école qu'il n'a fait l'expédition de Rome et *créé à lui seul,* comme l'affirme carrément M. de Castellane, *une France neuve...* en onze mois.

Le catholicisme libéral est né d'aspirations diverses, les unes généreuses, mais vagues et difficiles à conduire; les autres intéressées, empreintes dès l'origine de l'esprit sectaire, et visant moins à servir l'Église qu'à la dominer, dans l'espoir insensé et criminel de la soumettre aux exigences « de la société moderne ». Ces deux groupes, subdivisés en coteries tenant à se différencier, se sont toujours unis contre les catholiques simplement romains; on les a vus faire campagne ensemble — et quelle campagne! — lors du Concile; mais ni dans ce cas ni dans aucun autre, ils ne se sont fusionnés absolument. Aussi le catholicisme libéral, dont on ne peut dire que tel ou tel *l'a fondé,* n'a-t-il jamais codifié ses doctrines ni reconnu un seul et vrai chef.

Du reste, si nous ne pouvons accorder à M. de Castellane que M. de Falloux ait été le fondateur, puis le *général en chef* d'une école si souvent condamnée, nous reconnaissons qu'il y entra très vite et la servit toujours passionnément. Ces doctrines, bien vues dans le monde, choyées à l'Académie, utiles dans la politique et assez peu définies pour laisser vis-à-vis de Rome des échappatoires, convenaient tout à fait aux goûts et aux aptitudes du comte de Falloux. C'était du compromis, de l'équivoque, de l'intrigue : c'était son élément. Comme il sut bien s'y mouvoir !

Si M. de Falloux n'a pas fondé le libéralisme catholique, il est incontestablement de ceux qui, les premiers, l'ont pratiqué. Quand, en mars 1848, il blâmait et écartait comme caduque l'encyclique *Mirari vos*, il faisait acte de catholique libéral ; il suivait cette même voix quand il disputait à son évêque la direction politique du clergé et s'efforçait, à l'Assemblée constituante, d'adoucir les revendications catholiques de Montalembert. Il la suivait aussi, et même plus ouvertement, quand, selon les vues de Louis-Napoléon et d'accord avec MM. Odilon Barrot, Drouin de Lhuys, de Tocqueville, Dufaure, il pressait le Pape d'accepter le code civil, de séculariser l'administration pontificale, et d'établir un gouvernement libéral. Il y entra doctrinalement, mais inconsciemment peut-être, et dans tous les cas très accompagné, le jour où il présenta le projet de loi sur l'enseignement.

L'esprit du catholicisme libéral avait inspiré plusieurs des dispositions de ce projet. Seulement l'œuvre étant préférable au *statu quo* et ayant été conçue en vue des besoins politiques du jour, sa tendance au libéralisme religieux ne parut pas et, pour la plupart des adhérents, n'était pas une chose d'école.

C'est après qu'il eut *créé*, en onze mois de ministère, et *à lui seul une France neuve*, que M. de Falloux devint, de parti pris, catholique libéral. Jusqu'alors il avait plutôt été au jour le jour, selon les besoins de la politique, l'homme des accommodements, des compromis, des concessions, que l'homme d'une école. Mais n'ayant plus l'État à conduire (M. de Castellane croit que M. de Falloux a conduit l'État), il se joignit à d'autres docteurs pour indiquer à l'Église la bonne voie. Ces sages se défendaient d'ailleurs de vouloir enseigner le Pape ; ils voulaient tout

11.

simplement éclairer sa marche afin qu'il **ne fît** point de faux pas.

Ce n'est ni le lieu ni l'occasion de s'étendre sur cette déplorable campagne, puisque le comte de Falloux ne s'y détache pas du groupe de ses amis. Il fut de la réunion de la Roche-en-Brenil où les chefs de l'École se promirent de bien militer; il fut aussi du congrès de Malines, ces grandes assises oratoires du libéralisme; il acclama ou ratifia la fameuse maxime « l'Église libre dans l'État (ou la patrie) libre », oubliant que cette définition, venue de Cavour, allait contre la loi de 1850; il collabora aux manifestes libéraux du *Correspondant*; il se prononça contre la définition de l'infaillibilité et malmena de son mieux la majorité du Concile. Bref, il fit avec zèle toutes les mauvaises besognes du catholicisme libéral; mais, en somme, il n'eut jamais sur ce terrain le premier rôle, ni même un grand rôle. Il n'a été chef de file et entraîneur que dans la lutte, ou plutôt l'intrigue des royalistes parlementaires contre le Roi. Nous devons donc, quant au libéralisme religieux, nous en tenir à ce qui lui fut personnel, nous contentant d'indiquer au passage la question doctrinale et divers actes où d'autres eurent plus de part et, surtout, plus de responsabilité que lui. Sa charge, d'ailleurs, restera suffisamment lourde.

Entre temps, M. de Falloux, comme juste récompense de son zèle pour la cause libérale, de son dévouement à l'idée orléaniste, de son opposition au Roi, fut élu académicien. Il était si méritant sous ces divers rapports, qu'on lui passa ses livres.

Les *Mémoires d'un royaliste* font en divers endroits, et toujours d'un ton hautain, la leçon aux simples prêtres et aux évêques. On y voit que les chefs de l'école libérale n'ont jamais pardonné au clergé de s'être écarté d'eux. On devait les suivre non seulement contre l'Empire, même lorsque l'Empire agissait bien, mais aussi contre le Pape dans la question du *Syllabus* et du Concile. Ce sentiment, sans être crûment exprimé nulle part, se fait sentir partout. Il en faut donner quelques traits.

Un jour, dialoguant avec son ami, M. de Persigny, M. de Falloux lui demanda pourquoi l'empereur s'était montré si peu soucieux de garder le concours de M. de Montalembert.

Voici, d'après les Mémoires, quelle aurait été la réponse de M. de Persigny :

« L'explication est bien simple : le prince Louis avait su de tout temps qu'il existait en France de nombreuses peuplades d'hommes vêtus de noir, dont il ne connaissait pas les mœurs et dont il ne parlait pas la langue. On avait besoin d'un truchement pour les aborder et traiter avec eux. M. de Montalembert était tout naturellement désigné pour cet office ; mais en peu de temps les hommes noirs s'apprivoisèrent ; ils furent les premiers à mettre leur truchement de côté, et quelques-uns se pressèrent autour de l'empereur avec un tel fanatisme qu'ils dépassèrent le but. L'empereur me dit un jour en propres termes : Ils me dégoûtent. »

M. de Falloux, après avoir rapporté, sans autre garantie que sa parole, cet indigne propos, qu'il semble avoir *savouré* comme il *savourait* la *disgrâce* du Roi ou la *défaveur* du Pape, ajoute du ton le plus calme : « Des torts du petit nombre, l'empereur avait tiré des conclusions dont le clergé tout entier n'avait pas à se louer. »

*Lingua fallax non amat veritatem.* Il y a là une invention de M. de Falloux. D'abord le refroidissement entre le Prince-président et M. de Montalembert se produisit non pas après la proclamation de l'Empire, mais quelques semaines seulement après le coup d'Etat. Quand, un an plus tard, Louis-Napoléon fut empereur, l'ancien chef du parti catholique était depuis longtemps déjà sans influence. D'autre part, à la date où M. de Montalembert prit une position expectante, le Prince-président n'avait pas encore pu se mettre en relation avec les « hommes noirs ». Il n'avait vu que très peu de membres du haut clergé et, pour ainsi dire, personne du clergé secondaire. Ce serait donc sur le langage d'un très petit nombre d'ecclésiastiques plus ou moins notables, que Louis-Napoléon aurait enveloppé notre épiscopat et nos prêtres dans un jugement que résumaient ces trois mots : *Ils me dégoûtent!*

Non, ce propos, qui ne pourrait en aucun cas avoir été tenu à la date que lui donne M. de Falloux, n'a pas été tenu du tout. Si Napoléon III avait jamais pu songer à le tenir contre un groupe du clergé, ce n'est pas au lendemain du coup d'État, mais beaucoup plus tard, lorsque des alliés ou des représentants du libéralisme catholique dans l'Église lui demandèrent de les aider contre le Concile et contre le Pape. Voilà un point sur lequel les *Mémoires d'un royaliste* auraient pu donner de précieux renseignements, mais ils n'ont garde d'y toucher.

Louis-Napoléon ne croyait pas avoir besoin d'un *truchement* pour parler aux *hommes noirs*. Loin de s'être promis de confier cet emploi à M. de Montalembert, il ne voulut pas le lui laisser prendre. Causant, après le coup d'État et avant la proclamation de l'Empire, avec M. Edouard Thayer, directeur général des postes, allié du duc de Padoue et l'un des fidèles du Prince-président, je lui dis que celui-ci avait bien vite donné à M. de Montalembert des sujets de plainte. « Vous vous trompez, mè répondit-il ; Montalembert a montré tout de suite une prétention que le Prince ne pouvait admettre : il s'est posé comme une sorte d'intermédiaire indispensable entre le clergé et le maître du pouvoir. Or le Prince n'entend pas qu'une individualité quelconque représente une des forces sociales du pays ; il ne veut pas plus d'intermédiaire entre lui et le clergé qu'entre lui et la magistrature ou l'armée. »

Cela était vrai, et M. de Falloux l'a très bien su. Si les Mémoires disent le contraire, ce n'est pas seulement par habitude, c'est pour mieux faire accepter tout le chapitre où le clergé est puni de son adhésion à l'Empire et de sa répulsion pour le libéralisme catholique. Ce chapitre où M<sup>gr</sup> Brossais Saint-Marc, évêque de Rennes, et ses prêtres sont donnés comme preuve de l'abaissement du corps ecclésiastique, est un des plus enfiellés de tout l'ouvrage. De quelques écarts de rhétorique, nés d'un enthousiasme qui passait les bornes, mais qui avait, en somme, quelques raisons d'être, M. de Falloux conclut à un oubli de la dignité du prêtre, à une trahison envers l'Église. Il dit d'ailleurs que le grand coupable était l'*Univers*, lequel avait persuadé à beaucoup de curés, et tout spécialement à M<sup>gr</sup> Brossais de Saint-Marc, que Napoléon III était un nouveau Charlemagne.

Devant cette prétendue désertion du clergé, M. de Falloux écrivait à un de ses amis, M. de Séré: « C'est à nous, pauvres laïques, qu'il appartient maintenant de prononcer à haute voix le *non licet* et d'essayer, par la plus respectueuse, mais par la plus énergique résistance, d'enrayer un mouvement dans lequel ceux qui y sont entrés et ceux qui y poussent n'entendent pas s'arrêter d'eux-mêmes. » Puis, joignant en matière de respect, l'exemple au précepte, il ajoutait : « Notre siècle presque sexagénaire devait-il voir des évêques perdre si aisément le sang-froid et jeter les fleurs fanées du chansonnier des grâces, pêle-mêle, avec les textes sacrés, sur la phraséologie pénitente de tous les révolutionnaires visant au Sénat? » Il plaignait ensuite ces mêmes évêques *d'ignorer les pudeurs de l'âme.*

Nous pourrions citer d'autres traits de même sorte. Ceux-là suffisent. Notre affaire est de montrer l'homme, de déterminer ses principes et pratiques, et non de relever tout ce qu'il a dit de faux, de méchant, de haineux.

Le Concile est convoqué, il va s'ouvrir. M. de Falloux affirme que lui et ses amis *accueillirent avec approbation, comme tout le monde,* cette décision de Pie IX. Si l'on en juge par tout le mal qu'ils se donnèrent pour préparer des solutions conformes aux exigences de « la société moderne » moulée sur les principes de 89, on doit croire que certaines alarmes tempérèrent leur joie. Que de conciliabules, que de publications louches, que d'intrigues dont le secret fut plus ou moins pénétré, dénoncèrent alors le travail des libéraux ! M. de Falloux nie cette évidence. D'après lui, les chefs du libéralisme catholique se *préoccupaient* seulement de défendre l'infaillibilité et *le plus ou moins d'étendue* de l'autorité pontificale contre l'*usurpation* qu'en voulaient *faire des esprits sans portée et sans autorité*. Il y aurait beaucoup à dire sur cette singulière préoccupation, mais contentons-nous de la signaler.

Le *Correspondant* publia (octobre 1869) un manifeste où d'autres sentiments éclatèrent. Sous une forme à la fois déférente et autoritaire, mais plus autoritaire que déférente, on y disait au Concile ce qu'il devait faire et ne pas faire. Au nom de l'esprit moderne, on lui traçait tout un programme de direction et d'opposition, programme qui devait s'imposer, car il émanait d'hommes connaissant bien *l'état des esprits en France et en Europe* et parlant après *mûre délibération*. Ce fut, disent les Mémoires, à l'évêché d'Orléans que l'on délibéra, puis que les délibérants, M<sup>gr</sup> Dupanloup, MM. de Broglie, Cochin, Monsell, catholique anglais, et de Falloux rédigèrent en commun cet exposé de leurs doctrines. C'était, d'après eux, le minimum de ce qu'il convenait d'accorder aux légitimes prétentions des gouvernements et aux raisonnables exigences du temps présent.

L'éminent historien officiel du Concile, M<sup>gr</sup> Cecconi, archevêque de Florence, signale dans le deuxième volume de son beau, très réservé et très charitable travail, le manifeste du *Correspondant;* il y dénonce le libéralisme catholique et y voit l'accord des *catholiques libéraux de France avec leurs amis d'Allemagne,* « pour empêcher, s'il était possible, la définition de l'infaillibilité pontificale ». Puis, comme jugement définitif, il cite les paroles sévères dont l'évêque de Poitiers, M<sup>gr</sup> Pie, dans « sa juste indignation » frappa l'écrit de « ces gens trop pleins d'eux-mêmes ».

M. de Falloux, après avoir parlé avec complaisance du manifeste des libéraux, rappelle que lui et ses amis se soumirent dès que le Concile eut défini l'infaillibilité. C'est très vrai, et l'*Univers*, au plus fort de la lutte, n'eut jamais le tort d'émettre l'ombre d'un doute à ce sujet. Mais pourquoi M. de Falloux, après s'être félicité d'avoir fait tout juste l'indispensable, plaide-t-il encore la cause des opposants ? En pareille matière, quand on s'est soumis loyalement et chrétiennement, tout est dit : il ne faut plus plaider.

On sait quelle passion, quelle fureur montra l'opposition tant que la décision ne fut pas rendue. Que de brochures et de correspondances odieuses, révoltantes, furent alors publiées contre l'organisation du Concile, contre la majorité des Pères, contre le Pape ! Et que de coups portaient sur l'infaillibilité elle-même, bien qu'on prétendît repousser uniquement l'opportunité de la définition ? M. de Falloux figura jusqu'à la fin, nul n'en peut douter, parmi les plus obstinés. En cherchant bien, on trouverait trace de son concours dans cette propagande enragée et déloyale. S'il ne s'y associa pas de sa plume peu compétente, il dut y contribuer de sa bourse. Cependant une fois seulement il fut mis en scène.

Lors de l'inauguration de l'exposition pontificale (février 1870), Pie IX prononça un discours où il releva cette parole attribuée à M. de Falloux par la *Gazette d'Augsbourg*, l'organe le plus accrédité des innopportunistes du Concile : « Il est temps que l'Eglise fasse sa révolution de 1789. — C'est un blasphème », dit le Pape. La sensation fut profonde dans l'auditoire, puis au dehors. Ce n'était pas seulement M. de Falloux, un personnage, que le Souverain Pontife frappait, sans d'ailleurs le nommer, c'était toute une école très forte dans la presse et comptant au Concile d'ardents amis. En effet, ce mot : « l'Eglise a besoin d'un 89 », montrait très bien où allait la doctrine libérale.

La *Gazette d'Augsbourg* donnait ce propos comme extrait d'une lettre de M. de Falloux au P. Gratry, le plus emporté, le plus audacieux, le plus évaporé et le seul candide des brochuriers inopportunistes. Aussi, après la parole de Pie IX, attendait-on de prompts éclaircissements venant tout à la fois de celui qui avait écrit la lettre, de celui qui l'avait reçue et du journal qui, voulant les servir, les avait trahis. M. de Falloux seul parla, et le fit tardivement, par conséquent après des négociations quelconques. Sa réponse fut une dénégation adressée à la *Gazette d'Augsbourg*, qui l'inséra sans dire d'où lui était venu son renseignement et sans regretter de l'avoir donné. Quant au P. Gratry, vainement on le pressa de faire connaître le texte même des félicitations de son correspondant. Il se tut. Cependant, comme on le savait loyal autant qu'aventureux et étourdi, un mot de lui eût tranché la question.

M. de Falloux, comme conclusion, pria Mgr Freppel, l'un des théologiens du Concile et évêque nommé d'Angers, de porter au Pape la protestation de son innocence. Seulement, au lieu d'adresser tout droit sa lettre au destinataire, il l'envoya à Mgr Dupanloup, qui la garda sept ou huit jours et en fit circuler des copies. Mgr Freppel, que cette façon de procéder dut surprendre, se conforma néanmoins au désir de son diocésain. Pie IX répondit en substance que si la proposition qu'il avait justement condamnée n'était pas de M. de Falloux, ce n'était pas M. de Falloux que la condamnation frappait.

Au total, l'affaire parut très louche, même aux amis de l'ancien ministre. L'un d'eux, le marquis de Castellane, l'a indiqué dans la *Nouvelle Revue* (1er mai 1888). Il constate que M. de Falloux voyait dans la définition de l'infaillibilité une rupture entre l'Église et la liberté moderne, puis il ajoute :

« Le comte de Falloux, j'en ai *été vingt fois le témoin*, fut *épouvanté* des conséquences d'une rupture bruyante entre les deux objets de sa passion. Il a toujours nié avoir dit cette phrase que Pie IX trouva bon un jour d'anathématiser : « Il est temps que l'Église catholique fasse sa « révolution de 1789. » S'il ne l'a pas dite, l'on peut affirmer qu'il l'a pensée. »

Bien que les *Mémoires d'un royaliste* soient relativement très brefs au sujet du Concile, il y aurait lieu de s'y arrêter plus longtemps; mais il faudrait mettre divers personnages en cause, et surtout examiner de près les passages consacrés à Mgr Dupanloup. Mieux vaut tourner court. Négligeons donc de relever les attaques de M. de Falloux contre « les violences de la polémique prétendue ultramontaine ». Cette polémique, sans sortir de son rôle, soutint l'œuvre du Concile et eut l'approbation du Pape. Certain bref de Pie IX à Louis Veuillot en fait foi. Cela suffit.

M. de Falloux dans ses Mémoires n'a pas contre Pie IX les violences de paroles auxquelles nombre de ses amis se laissèrent aller pendant le Concile et au sujet de diverses condamnations portées contre les libéraux, mais il en dit assez pour indiquer un solide fond d'hostilité. Pouvait-il, ce haineux, ne pas être hostile au Pape du *Syllabus*, au Pape du Concile, au Pape de tant de brefs et de discours contre le libéralisme catholique, au Pape qui disait de Louis Veuillot : C'est mon ami !

Si le comte de Falloux se soumit comme il le devait, il n'oublia rien. En Pie IX, ce « Louis XVI, dit-il, dont le voyage de Varennes avait réussi », il montre un pontife aimable, bien intentionné et faible, se laissant *dominer* pour les *grandes affaires* par le cardinal Antonelli, homme habile en qui les *clairvoyants* (le Pape n'en était pas) reconnaissaient la « passion de domination et de lucre dont son long ministère restera entaché». « L'histoire, ajoute-t-il, ne dira qu'incomplètement quel préjudice le cardinal a porté à un règne né sous d'autres auspices et pour de *plus hauts résultats.* » Cela signifie qu'au lieu de faire le *Syllabus* et le

Concile, ce règne aurait dû donner à l'Église le 89 nécessaire. M. de Falloux insinue ensuite que Pie IX était plus large dans ses promesses que dans ses actes, qu'il prenait de bonnes résolutions sans s'inquiéter suffisamment de les tenir et cédait aisément aux flatteurs. Bref, il l'accuse de s'être laissé influencer par des *manœuvres de coterie*, de n'avoir pas su voir « de quel côté étaient la prévoyance, le bon conseil, le dévouement ». Et comme preuve, en ce qui nous touche directement, nous Français, il assure que « les évêques les plus éminents du clergé de France », NN. SS. Guibert, alors archevêque de Tours ; Dupanloup et Jacquemet furent pendant quelques années « mis en suspicion et tenus en disgrâce ». Il part de là pour faire une sortie en l'honneur des « prétendus gallicans » et contre les ultramontains, qualifiés de « fougueux promoteurs du bon plaisir absolu ».

En somme, avec moins de laisser-aller dans le langage et moins de développements, il traite le Pape comme il a traité le Roi. L'un et l'autre ont condamné ses doctrines ; il veut l'un et l'autre les diminuer, les abaisser. Son ami et panégyriste,

M. de Castellane, constate le fait à sa manière par cette observation : le comte de Falloux « tint en suspicion les papes et les princes auxquels *il se disait soumis* dès qu'il les soupçonna d'avoir songé moins à l'Église et à la France qu'à eux-mêmes ».

Voilà de l'orgueil et de la logique : le catholicisme libéral et le royalisme parlementaire ayant pour base le besoin de pactiser avec l'erreur et d'abaisser l'autorité, l'homme qui professe ces doctrines a nécessairement en lui, sans toujours se l'avouer, un fond d'hostilité contre le Pape et le Roi. Il les soupçonne d'empiètement, parce qu'il voudrait lui-même empiéter. Quelque chose du *non serviam* le tourmente. Quand ce libéral est une pauvre tête et que sa foi chancelle, il brise ; quand c'est un esprit vigoureux, délié et fourbe que la foi retient, il biaise. On l'entend protester de sa soumission et de son dévouement, mais en même temps il pousse à la résistaece et veut affaiblir l'homme et le principe auquel il se déclare dévoué. Et enfin, comme couronnement de cette lutte intérieure ou de ce double jeu, il laisse derrière lui les *Mémoires d'un royaliste*.

12

### CHAPITRE XI

## LE POLÉMISTE — LE DÉTRACTEUR

Quel que soit l'adversaire que rencontre le comte de Falloux et sur quelque terrain qu'il le rencontre, il lui prête des mobiles personnels, étroits, misérables. Les raisons de principes, les élans ou les écarts de l'enthousiasme, les questions de dévouement ne comptent pas pour lui ou, du moins, comptent si peu, qu'il lui faut, surtout s'il s'agit d'un homme qu'il juge intelligent, d'autres explications. Ce constant besoin d'interprétations basses dénote un vice de nature.

Demandez aux Mémoires pourquoi tel écrivain royaliste, homme de beau talent, de grande vertu, qui avait sacrifié sa carrière à ses principes, n'admettait pas qu'on fît opposition au Roi? Ils vous répondront que sa situation, honorablement *besoigneuse* le rendait *invariablement docile*.

Ce mobile de l'intérêt, dominant les convictions et même les transformant, faisant dire oui quand on pensait non, M. de Falloux l'applique en termes plus ou moins nets aux divers écrivains légitimistes qui surent lui résister ou préférèrent les instructions du Roi aux siennes. Quelle aversion il avait pour les rédacteurs de l'*Union !* Il ne peut leur pardonner d'être toujours restés dans le devoir. Après quelques traits de satire contre celui-ci et celui-là, il les enveloppe tous dans une condamnation virulente et méprisante. C'est un des rares endroits où il s'échauffe. Il ne lui suffit pas de leur refuser l'indépendance et la conscience, il veut qu'ils aient perverti de propos délibéré les royalistes. « C'était surtout par la foi en M. Laurentie et M. Poujoulat, dit-il, que s'accréditaient *toutes les calomnies* qui ont *dévoyé* le sens politique et le *sens moral* d'un si grand nombre de légitimistes. » Il se montre faisant de vains efforts pour arrêter cette propagande, particulièrement odieuse à son âme éprise de loyauté ; puis, opposant les *valeureux chevaliers d'autrefois* aux journalistes du comte de Chambord, il s'écrie : Ces chevaliers « ne refusaient pas de mourir ; ils auraient refusé de *mentir* ». Et sa colère n'étant pas encore apaisée, il ajoute que les écrivains de l'*Union* étaient d'autant plus indignes qu'ils *outrageaient* et *calomniaient* « sans conviction, par ordre, avec traitement ».

Quel venimeux personnage! le calomniateur, ici comme partout, c'est lui. Il n'est pas nécessaire d'en dire davantage pour défendre les hommes d'honneur et de dévouement auxquels ce royaliste parlementaire ne pouvait pardonner leur fidélité.

Un autre écrivain royaliste, que M. de Falloux rencontra un jour en travers de son chemin, M. Alfred Nettement, est également marqué d'une note personnelle et méchante. Il fait, dans les Mémoires, non seulement figure de vaniteux, de présomptueux, mais aussi d'homme à conscience trop large, s'oubliant, lui royaliste, jusqu'à prendre ses *inspirations* et probablement une *partie des fonds* nécessaires à son journal *chez M. Thiers*.

C'est partout la même note. M. de Falloux était logique. N'ayant voulu voir dans l'entourage du Roi, dans ses conseillers les plus intimes et les seuls écoutés que des esprits faux, bornés, jaloux, des *aveugles* où de loin en loin brillait un *borgne*, il devait aussi ne montrer dans les écrivains royalistes, ses adversaires, que des ambitieux manquant de droiture ou des serviteurs dévoués mais sans caractère, et tenant plus à leur traitement qu'à leur convictions et à leur dignité.

Il obéit à de semblables sentiments quand il porte la polémique sur le terrain religieux. Le cardinal Gousset, archevêque de Reims, qui rendit tant de services à la cause romaine ; M<sup>gr</sup> de Salinis, archevêque d'Auch, si dévoué au Saint-Siège et l'un des esprits les plus distingués, les plus ouverts de ce temps ; le cardinal de Bonnechose, dont la roideur n'empêchait pas le mérite, et auquel on ne pouvait reprocher en rien des opinions extrêmes, reçoivent au passage quelque trait venimeux ; ils sont dédaigneusement taxés, l'un d'ingratitude, les autres de courtisanerie et de faiblesse. Mais s'il traitait de haut les évêques, coupables de ne pas se mettre à la suite de M<sup>gr</sup> Dupanloup, c'était plutôt par besoin de dénigrement que dans un sentiment de haine personnelle. Ce sentiment, ment, il le réservait au grand évêque de Poitiers, M<sup>gr</sup> Pie.

Lorsque M. de Falloux, ministre de l'Instruction publique et des Cultes, présenta le jeune et brillant vicaire général de Chartres à Louis-Napoléon pour l'évêché de Poitiers, il n'était pas encore mordu de l'esprit sectaire. Il connaissait l'abbé Pie, il en appréciait le mérite, il le savait prêtre zélé et instruit autant que prêtre éloquent ; il désira qu'il fût évêque. L'intention était des plus louables et le résultat fut excellent. Mais l'évêque de Poitiers resta ce qu'avait été l'abbé Pie : l'homme des doctrines romaines, et M. de Falloux, tombant du côté où il penchait, devint l'homme du libéralisme. De là des chocs dont les *Mémoires d'un royaliste* nous donnent l'écho. Cet écho, se conformant à la marche serpentante du comte de Falloux, ne va pas droit. C'est en prêtant tel mot à Louis-Napoléon et tel autre à M. Thiers, que l'auteur des Mémoires se venge. Par exemple, sous le couvert de Louis-Napoléon, il représente M^gr Pie causeur des plus aimables, des plus captivants, comme un bavard « sans mesure et sans tact » qu'on avait eu tort d'appeler à l'épiscopat ; puis, à l'abri de M. Thiers, il prétend faire de l'illustre prélat, si fidèle à son siège, un ambitieux, sollicitant à la fois

l'archevêché de Paris, l'Académie et le cardinalat. Tout cela est sûr, puisque c'est M. Thiers,
alors président de la République, qui l'aurait
dit à M. de Falloux, lequel l'a consigné dans
ses Mémoires.

Un propos qui s'appuie uniquement sur le
témoignage posthume de M. de Falloux ne vaut
rien. Il n'est pas impossible, d'ailleurs, que
M. Thiers, bien qu'estimant très fort M*gr* Pie,
mais le jugeant d'après lui-même, ait pensé
qu'un prélat de ce mérite devait ardemment
désirer Paris, l'Académie et la pourpre. Et
puis, peut-être connaissait-il des ecclésiastiques
auxquels ce triple fardeau n'eût point paru trop
lourd !

Donc, M. Thiers ayant *malicieusement* dénoncé à M. de Falloux les *modestes désirs* de
l'évêque, aurait ajouté : « Ces trois choses ne
dépendant pas uniquement de moi, j'ai dû le
renvoyer à d'autres. » Non seulement ces trois
choses ne dépendaient pas uniquement de
M. Thiers, mais à la date où les Mémoires nous
reportent il ne pouvait rien sur aucune. Ni le
chapeau cardinalice, ni le fauteuil académique
ne relevaient de lui. Et quant au siège archié-

piscopal de Paris, il était occupé. M. de Falloux aurait dû voir que son interlocuteur s'amusait, et lui dire que M^gr Pie, en admettant qu'il eût de telles visées, avait trop d'esprit pour les confier en solliciteur à quelqu'un qui ne pouvait les satisfaire.

Ou cette conversation est de pure invention, ou M. de Falloux l'a trop retouchée. C'est un acte de méchanceté contre un évêque dont il avait espéré se servir et qui, non content de l'avoir combattu près du Roi et près du Pape, dut un jour l'accuser et le convaincre de mensonge. Voici, en effet, ce que je lis dans une lettre de M^gr Pie à M^gr Debelay, alors (1856) archevêque d'Avignon : « J'aurais à vous dire, concernant le petit papier que M. de F. (Falloux) a lu comme émanant d'un de mes diocésains, la chose la plus triste. M. de F. (Falloux) a été obligé d'avouer par écrit qu'il avait dénaturé la lettre et introduit pour le besoin du moment des membres de phrase dont l'auteur de la lettre ne pouvait porter la responsabilité. La lettre était bien, du reste, de M. d'A., dont M. de F. a déclaré sur son honneur et sa conscience qu'elle ne lui venait pas... Hélas! qu'il est triste de voir un homme de qui l'on pouvait tant attendre, ce semble, et à qui nous avions tous donné un peu de notre cœur, descendre à tant de pauvres manœuvres ! »

Ce tour de Scapin était assez habituel à M. de Falloux. Nous en avons déjà cité un exemple à propos du comte de Chambord, nous en citerons un autre à propos de Louis Veuillot. Mais il faut procéder par ordre et dire d'abord quelles furent les premières relations de l'auteur des *Mémoires d'un royaliste* avec l'*Univers*. Cela remonte à la publication de la *Vie de Louis XVI*. M. de Falloux, qui sut toujours faire la cour à ceux qui pouvaient le servir, sauf à ne plus les connaître quand il n'en avait plus besoin, ne manqua pas, dès qu'il se promit d'être écrivain et député, de demander appui au grand journal catholique. Cet appui lui était dû, et il l'obtint. On en trouverait la preuve dans l'*Univers*. Le *Louis XVI* y fut loué, et le candidat à la députation y fut appuyé. Mais c'est en 1843 seulement et sous les auspices de dom Guéranger que commencèrent entre M. de Falloux et Louis Veuillot des relations personnelles. Le jeune rédacteur de l'*Univers* étant de passage à Angers, le futur ministre de Louis-Napoléon voulut l'avoir à sa table avec quelques catholiques militants. On s'entendit très bien. M. de Falloux, très aimable à ses heures, avait appris à sa fille, charmante enfant de dix-huit mois à deux ans, cette phrase bien courte qu'elle récita assez bien, grâce à sa mère qui, en souriant, la soufflait : « Les bons catholiques, c'est Montalembert, Veuillot et Lacordaire. » Quelques jours plus tard, Louis Veuillot, charmé de cette réception, écrivait à dom Gardereau, le saint religieux bénédictin qui vient de mourir (juin 1888) : « Je m'en vais heureux des bons cœurs que j'ai vus ici. M. de Falloux est un catholique ; c'est tout dire. » Evidemment l'accord alors était complet.

Il est rare qu'un journaliste, fêté par un aspirant à la vie publique, ne soit bientôt invité à payer son écot. Louis Veuillot ne fut donc pas surpris de recevoir, peu de temps après sa rentrée à Paris, une lettre où M. de Falloux lui demandait de le défendre, c'est-à-dire de le louer. Naturellement, c'était dans l'intérêt de « la cause » que la demande était faite. Vit-on jamais un écrivain, un conférencier, un orateur songer à lui-même? Donc, dans un congrès tenu à Angers, M. de Falloux, ayant traité la question de la Saint-Barthélemy, avait été repris à tort par un professeur du nom de Trouessard, et demandait appui contre cet universitaire. Au fond, il voulait deux choses : être loué, et il le fut, puis faire porter par l'*Univers* des coups dont il redoutait de prendre personnellement la responsabilité. Il était déjà tacticien. « Les catholiques eux-mêmes, écrivait-il à Louis Veuillot, ont tellement besoin qu'on les mette ou les maintienne dans la droite voie que quelques lignes de vous, avec l'élévation de vues et de style qui vous est propre, cher Monsieur, pourraient rendre grand service dans notre ville. La force catholique y est riche et abondante, mais l'inertie est déplorable. Les AUTORITÉS sont prises ici dans toute l'acception et toute la puissance du mot. Chaque jour donc il devient plus urgent d'enseigner à nos amis à faire respecter leurs convictions par ceux-là mêmes qui doivent l'exemple de ce respect, dans l'intérêt seul des charges dont ils sont revêtus. Tant que vous n'aurez pas fait passer ces vérités élémentaires dans le sang de nos catholiques, nous resterons à la merci de tous les outrages. » Il terminait ainsi : « Croyez bien à mes sentiments de bien sincère déférence, car ils ont leur source dans une profonde estime et dans une bien vive admiration. »

On voit qu'alors M. de Falloux était, ou du moins voulait être, aux yeux de Louis Veuillot, tout à fait des amis de l'*Univers*. Il eut sa réclame.

Ces bons sentiments se soutinrent même lorsqu'en 1845, les principaux amis de M. de Falloux, le P. Lacordaire, l'abbé Dupanloup, le comte de Montalembert, voulurent enlever à Louis Veuillot la direction du journal. Il félicita mon frère d'avoir triomphé de cette coalition, qui cependant avait eu l'appui de sa grande directrice, M<sup>me</sup> Swetchine, laquelle aimait peut-être un peu trop à se mêler de tout. « Je vous félicite, écrivait-il au vainqueur, et *me* félicite de votre présence probablement consolidée à l'*Univers*. Si je ne savais combien vos instants sont accablés, j'aurais été heureux de quelques détails sur cet *événement*; mais j'y éprouverais trop de remords, et au lieu de questions, je me borne à vous adresser l'expression

bien invariable de mon bien sincère et bien
dévoué attachement. » On peut croire qu'il ne
tenait pas tout à fait le même langage à Lacordaire et à Montalembert. *Lingua fallax.*

Lorsque M. le comte de Falloux fut député,
Louis Veuillot, le voyant de plus près, le jugea
moins sûr. Il lui parut trop porté aux compromis et bien pressé de sortir de pages. Néanmoins l'homme avait de la valeur, il était
aimable et pouvait donner un utile concours :
les relations restèrent bonnes. On ne lui garda
même pas rancune de s'être si fâcheusement
prononcé dès le lendemain de la Révolution
contre le parti catholique. Les journalistes
savent compatir à ces faiblesses de candidat.
D'ailleurs, M. de Falloux, d'abord assez em-
barrassé, comme le prouve certaine lettre que
j'ai sous les yeux, ayant vu que le parti catholique, au lieu de mourir, se fortifiait, avait
repris près de nous sa position d'allié.

Les choses allèrent ainsi jusqu'à la présen-
tation du projet de loi sur l'enseignement.
M. de Falloux insinue que Louis Veuillot lui
devint hostile à partir du jour où fut constituée
la commission extra-parlementaire qui prépara

ce projet. Non, durant tout le temps des travaux de la commission, Louis Veuillot était resté en bons termes avec le ministre. Aussi ce dernier, dès que l'œuvre des commissaires fut terminée et soumise à la Chambre, put-il se rendre chez le journaliste pour lui donner des explications, prendre son avis et solliciter son appui. Je n'ai ni à revenir sur cette démarche, que taisent misérablement les Mémoires, ni à prouver de nouveau que si l'*Univers* combattit vigoureusement un projet contraire au programme catholique, il sut respecter et même ménager les personnes en cause. Il voulait qu'après la lutte, M. de Montalembert pût redevenir notre chef et M. de Falloux notre allié. Et, en effet, il en fut à peu près ainsi. Cependant, les *Mémoires d'un royaliste* font croire le contraire.

La loi de l'enseignement devant être une loi de transaction faite en vue de la politique, et non une loi de liberté, MM. de Falloux, Dupanloup et Thiers se donnèrent des auxiliaires disposés à transiger. C'est pourquoi les trois catholiques qui, après M. de Montalembert, devaient les premiers prendre rang dans la

commission : M{sr} Parisis, M. Lenormand et
Louis Veuillot, n'y furent pas appelés. C'était
le jeu du ministre, et l'on comprend d'autant
mieux qu'il l'ait joué que jamais les principes
n'ont compté pour lui. Il pouvait d'ailleurs soutenir qu'en homme pratique et sage il s'en tenait au possible et écartait les esprits trop absolus. Mais M. de Falloux était de ces gens
étroits et vindicatifs qui, pour se justifier d'un
tort, y ajoutent une injure. Il déclare donc
qu'il écarta le rédacteur en chef de l'*Univers*,
non pour la fermeté de ses doctrines , mais
pour les vices de son caractère. « Assurément,
dit-il, je ne prévoyais pas alors ce que M. Louis
Veuillot est devenu depuis. Nous étions même
en bonnes relations, mais je n'avais pu méconnaître les tendances générales de son caractère
et de son esprit. Après mûre réflexion, j'aimai
mieux l'exposer à la tentation de critiquer des
choses faites sans lui que de l'armer du droit
d'empêcher de les faire. »

Louis Veuillot, par sa situation dans le parti
catholique, la netteté de sa parole et la logique
de ses idées, eût certainement agi sur la commission. Cependant M. de Falloux force beau-

coup la note en disant qu'il eût pu *empêcher les choses de se faire*. Non, les vingt-trois autres commissaires, les uns universitaires résolus, les autres hommes politiques ou catholiques décidés ou très enclins à fusionner, n'auraient pas abandonné le projet du ministre et de ses patrons pour réclamer, sur l'appel du rédacteur en chef de l'*Univers*, une loi de liberté. Ni M. de Falloux, ni MM. de Montalembert et Dupanloup ne craignaient cela ; mais, pour être plus forts devant les catholiques, ils voulaient que leur traité d'alliance entre l'Église et l'Université eût l'unanimité dans la commission. A cette raison politique se joignait chez M. de Falloux un souvenir désagréable et tout frais encore. Louis Veuillot, dans la réunion des chefs du parti catholique, tenue la veille de la formation du ministère, ne lui avait-il pas conseillé de refuser d'être ministre? Donne-t-on semblable conseil à un ambitieux? C'est à partir de ce jour, je crois, que M. de Falloux cessa de voir en Louis Veuillot un homme de bon caractère, de bon esprit, et s'inquiéta de ses tendances. Et combien il fut confirmé dans ce sentiment quand il sut que cet ultra avait dit :

M. de Falloux entrera de sa personne au ministère, mais *il laissera nos idées à la porte.*

Non content d'avoir indiqué que Louis Veuillot combattit la loi uniquement parce qu'il n'avait pas contribué à la faire, M. de Falloux affirme que la polémique de l'*Univers* fut des plus violentes; qu'elle permettait de prévoir *les excès de conduite et de langage* auxquels M. Veuillot se laissa aller plus tard. « Je ne justifierai que trop aisément et dans son temps, ajoute-t-il, le *jugement* qui commença, dès lors, à se former dans mon esprit et dont je pose aujourd'hui le premier jalon. »

Ainsi, dès 1849, M. de Falloux, indigné, écœuré des prétentions et des *imprécations* de Louis Veuillot, *jugea* qu'il fallait s'écarter de cet homme, dans lequel il devinait, selon ce qu'il dira plus loin, le traître se masquant de l'amour des principes pour tromper plus sûrement le Pape et trahir plus aisément l'Église.

Contenons-nous; ce n'est pas encore le moment de relever cette infamie. Montrons seulement ici dans quels termes, un an après le vote de la loi de 1850, M. de Falloux écrivait à celui

que, d'après ses Mémoires, depuis assez longtemps déjà il tenait pour indigne :

« CHER MONSIEUR VEUILLOT,

« Vous savez que je n'ai *jamais cessé de vous
aimer très fidèlement*, et il m'est *très doux* de
*reprendre* en sus l'habitude de vous remercier.
J'avais *fort regretté* de ne vous avoir pas pu voir
à mon très court et très triste passage à Paris
au mois de novembre (1850). Des amis vous
l'ont dit : vous m'avez obligé à vous le répéter,
ce matin dans l'*Univers*, d'une façon à laquelle
je ne cherche nullement à échapper. »

Viennent ici quelques observations sur un article du journal. Voici la fin :

« Un mal aux yeux qui s'ajoute à mes autres
misères me condamne à abréger mille choses
que j'eusse aimé à vous dire plus amplement.
J'ai voulu du moins, cher Monsieur, mettre *hors
de doute* ma vieille et *très affectueuse gratitude*,
ma très habituelle *admiration* et mes sentiments
*en toute occasion* bien dévoués à vous et aux
vôtres.

« A. DE FALLOUX. »

Cette lettre est de février 1851.

Écrit-on de ce style à l'homme qui s'est permis contre vous et vos amis de révoltantes attaques ? à l'homme dont, au double point de vue de la dignité et de la conscience, on condamne le caractère et les actes ? Ou M. de Falloux ment à cette page de ses Mémoires, ou il mentait en adressant de telles protestations à Louis Veuillot.

La vérité, c'est que, tout en étant très irrité de l'opposition de l'*Univers*, il l'avait comprise, et que, ne reprochant au fond à Louis Veuillot que l'indépendance du caractère et le respect absolu des principes, il voulait se rapprocher de lui, non par *gratitude* et *admiration*, comme il le disait, mais afin de pouvoir, au besoin, retrouver son appui. C'est quand il eut perdu cet espoir qu'il devint absolument ennemi. Or, du moment où M. de Falloux était ennemi, il devait être calomniateur. C'était sa nature.

### CHAPITRE XII

## LE CALOMNIATEUR

Nous n'avons plus à prouver que l'œuvre posthume de M. de Falloux est foncièrement déloyale, et que la calomnie y vient en aide à la déloyauté. Il y a, certes, de la calomnie dans les jugements que les *Mémoires d'un royaliste* portent sur le Roi et dans les intentions, les calculs qu'ils prêtent à tant de légitimistes marquants et dévoués ; il y en aussi dans les propos qu'ils tiennent sur tel ou tel évêque hostile aux libéraux. Mais c'est contre Louis Veuillot, qui fut, dit le marquis de Castellane, « le cauchemar de sa vie », que M. de Falloux a le plus largement exercé son rare talent de calomniateur. Cela s'explique. De tous les hommes qui l'ont contrecarré et dont il se venge, un seul, Louis Veuillot, l'a jugé en face, à fond, publiquement. Les *Mélanges* et *Rome pendant le Concile* contiennent sur cet « intrigant » des pages qui resteront. Voulant se défendre contre elles, il l'a fait, à la mesure de son caractère, en méchant et en fourbe.

Les *Mémoires d'un royaliste* constatent qu'un certain temps après le vote de la loi de 1850, il y eut rapprochement entre M. de Falloux et Louis Veuillot, mais ils ne disent pas exactement comment la chose se fit. La lettre même de M. de Falloux que nous avons citée dans notre dernier chapitre dément la version des Mémoires. D'après ceux-ci l'ancien ministre, revenant de Nice au printemps de 1851, résolut, par un mouvement de sa généreuse nature, de mettre fin à une scission qu'il n'était « ni utile ni de bon goût de prolonger ». En conséquence, il s'empressa d'aller voir le rédacteur en chef de l'*Univers*. Laissons-le parler : « Je lui dis, en lui serrant la main : « Croyez bien que vous ne « trouverez jamais de mon côté une ombre de « rancune. — Je le crois bien, » me répondit sèchement M. Veuillot, et il continua la conversation d'un ton si hautain que je me retirai bientôt, sans regretter ma démarche, mais peu disposé à la renouveler. Il ne me rendit point ma visite, et nous restâmes sur ce pied jusqu'au commencement de novembre. »

C'est un conte. Notons d'abord qu'on ne s'expliquerait pas que M. de Falloux se fût *empressé* de faire une pareille démarche si, depuis près de deux ans déjà, il avait posé dans *son esprit* le premier jalon du *jugement* qui devait frapper Louis Veuillot d'indignité. Va-t-on serrer avec *empressement* la main de l'homme qui vous a insulté et que l'on condamne? Dès novembre 1850, la lettre rappelée dans le précédent chapitre en fait foi, M. de Falloux, pour lequel l'*Univers* n'avait cessé d'être bienveillant, avait exprimé le désir de renouer avec Louis Veuillot, et celui-ci, loin de repousser cette avance, s'y était prêté. Aussi répondit-il en bons termes aux protestations *d'amitié fidèle*, de *gratitude* et *d'admiration* que lui renouvelait son futur calomniateur.

Je n'ai nul souvenir de la visite qui aurait suivi cet échange de lettres; mais, comme il était impossible à Louis Veuillot d'être rancunier et hautain, je suis sûr qu'il accueillit M. de Falloux courtoisement. Les rapports redevinrent, quant aux apparences, ce qu'ils avaient été autrefois : faciles sans être intimes. On se rencontrait plutôt qu'on ne se voyait, et l'on échangeait quelques paroles sans traiter les choses à fond.

Nous demeurions alors, M. de Falloux et moi, rue du Bac, 101, lui dans l'hôtel, entre cour et jardin, moi dans les modestes appartements du devant, entre cour et rue. Quand il nous arrivait de nous rencontrer, nous échangions soit un simple salut, soit quelques mots. Profitant du voisinage, il m'adressait parfois de petits billets destinés au journal et pliés en chapeau de gendarme. Un jour de novembre 1851, il m'arrêta et me dit : « L'*Univers*, entraîné par M. de Montalembert, devient trop favorable au Président. Je voudrais causer à fond de la situation avec votre frère. Si vous vouliez tous deux déjeuner chez moi dimanche, je vous montrerais que les catholiques ne doivent pas favoriser Louis-Napoléon. » L'invitation fut acceptée.

M. de Falloux raconte autrement ces préliminaires. Voulant que cette entrevue ait été un piège où sa *naïveté*, qu'il garda, il l'assure, jusqu'à « plus de soixante ans », le fit tomber, il en attribue l'initiative au rédacteur en chef de l'*Univers*. Écoutons-le : « ... Je rencontrai M. Eugène Veuillot dans l'escalier de la maison que j'habitais rue du Bac; il m'aborda, ce qu'il ne faisait jamais, et me dit que son frère, fort inquiet de la tournure des événements, désirait un entretien avec moi. » Il ajoute, sans rire, que, toujours « enclin à la confiance et facile aux illusions », il accepta *très volontiers* les *avances* de Louis Veuillet et me répondit : « Veuillez demander à M. votre frère de venir déjeuner avec moi dimanche prochain. Ce jour-là nous aurons plus de liberté tous les deux. »

Les situations et les caractères étant donnés, on comprend que M. de Falloux ait projeté de mettre Louis Veuillot en garde contre les tendances de Montalembert et en défiance contre Louis-Napoléon. Mais comment admettre que Louis Veuillot, après les jugements qu'il avait portés en 1848, 1849 et 1850 sur M. de Falloux, ait éprouvé un tel désir de lui demander conseil? Cela n'est pas admissible. M. de Falloux lui-même l'a senti, et c'est pourquoi, dans un pamphlet publié en 1856 et où il énumérait tous ses griefs contre Louis Veuillot, il ne parla point de cette entrevue.

Lorsque nous entrâmes chez M. de Falloux, un de ses intimes, M. de Rességuier, était avec lui. Nous crûmes d'abord que ce second serait du déjeuner, mais il se retira. On se mit à table

et l'on causa. Je ne sais plus si la chère fut
bonne, mais je sais bien que la conversation fut
longue, animée et des plus courtoises. M. de Falloux y développa avec grâce, astuce et passion
le thème qu'il m'avait indiqué. Comme il s'ap-
pliquait à diminuer Montalembert tout en le
louant! Avec quelle assurance il établissait, à
l'aide d'affirmations hardies, de ses souvenirs,
ministériels, d'historiettes et de sentences, que
si Louis-Napoléon devenait le maître, il tour-
nerait tout de suite à gauche et n'en aurait pas
pour six mois!

Les Mémoires indiquent à peu près les arguments produits contre le Président, mais ils
ne disent rien des efforts que fit M. de Falloux
pour détacher Louis Veuillot du comte de Montalembert. Cependant c'était là le point à enlever, et il ne s'y épargna pas. Il savait bien
que nous étions beaucoup moins « élyséens »
ou napoléoniens que ne l'était son ancien allié,
redevenu notre chef, et il pensait qu'en nous le
montrant plus emporté que sage, plus aventureux que politique, il aurait partie gagnée.
« Je ne vous demande certes pas de condamner
Montalembert, nous disait-il; je vous prie, dans

l'intérêt de l'Église, de rester neutres. »

Si le récit de M. de Falloux n'était fautif que par cette lacune, il n'y aurait pas lieu de s'y arrêter. Mais tout y est calculé dans une pensée de haine contre Louis Veuillot. Nulle part l'homme des Mémoires n'a été plus fourbe, nulle part il n'a mis plus de soin à distiller son fiel. Il dit d'abord qu'il fut confiant, parce qu'il croyait alors l'*Univers* plus dévoué à l'Église qu'*enrôlé* dans les complots de l'Élysée »; il montre ensuite Louis Veuillot le poussant *doucement* à trop parler, l'*encourageant* « par *son air attentif* à lui donner avec abandon le détail des divisions intestines qui paralysaient la majorité et pouvaient la dissoudre à bref délai ». Il termine ainsi : « Enfin, après deux heures d'intime entretien, M. Veuillot se leva et dit, en me tendant la main : « Je vous quitte pour « aller écrire un article de neutralité. »

Et pourquoi lui aurait-on fait cette promesse? Pour lui tirer ses secrets? Mais déjà, selon son récit, il les avait donnés. On verra d'ailleurs, plus loin, qu'il n'avait et ne pouvait rien avoir à nous apprendre.

Moins de cinq ans après cet entretien, en juin

1856, Louis Veuillot était en polémique très vive, très dure avec M. de Falloux. Celui-ci, dans des articles du *Correspondant* qui payaient son entrée à l'Académie, avaient accumulé tous ses griefs contre Louis Veuillot, visant l'homme plus encore que l'écrivain. Mon frère rappela à ce sujet l'entretien de novembre 1851 :

« Vers cette époque, dit-il, le rédacteur en chef de l'*Univers*, accompagné d'un de ses collaborateurs, rendit à M. de Falloux sa visite de 1849 (à propos de la loi sur l'enseignement). Après déjeuner, on parla de la situation. Comme en 1849, les avis se trouvèrent bien différents ; mais cette fois les vues de M. de Falloux n'étaient plus du tout celles de M. de Montalembert. Il exposait des préventions exagérées, une confiance précipitée, des desseins téméraires. Comme en 1849, il se rabattit à réclamer la neutralité du journal. En présence des événements, la neutralité telle qu'il la désirait n'était guère possible ; *il ne l'obtint pas*. On se quitta néanmoins sans rupture, et, à ce qu'il semblait, plutôt encore amis que divisés. Bientôt après, le coup d'État eut lieu. Il mit M. de Falloux en cellule au quai d'Orsay, et M. de Montalembert dans la *Commission consultative ; l'Univers* resta chez soi. »

M. de Falloux réclama-t-il alors contre ce résumé d'un entretien qu'il avait jugé habile de taire? Non, il l'accepta. Cette page, publiée à sa charge dans l'*Univers*, réimprimée dans une brochure et dans les deux éditions des *Mélanges*, ne fut de son vivant l'objet d'aucune protestation. Il essaya même d'en tirer profit en disant que le fait de sa réconciliation avec M. Veuillot, après les luttes de 1849 et 1850, le défendait contre toute accusation de rancune.

Si les Mémoires affirment que Louis Veuillot promit la neutralité, ce n'est pas pour le seul plaisir de mentir, c'est pour mieux calomnier. « Quelle fut ma *stupéfaction*, s'écrie M. de Falloux, en trouvant le lendemain dans l'*Univers*, au lieu d'un article de neutralité, mes *confidences de la veille exploitées et réfutées avec amertume.* » Et comme preuve de cette *flagrante trahison*, il cite quelques lignes d'un article de l'*Univers* où aucun secret n'est révélé.

Encore une fois, pourquoi M. de Falloux n'a-t-il pas dénoncé ce manque de parole, cette *flagrante trahison*, lorsque Louis Veuillot, en

1856, lui disait très durement : « Vous me demandiez la neutralité, et je vous l'ai refusée. » C'était cependant l'occasion de parler.

Pour bien couronner son récit, le comte de Falloux accuse Louis Veuillot d'espionnage. S'il voulait par cette feinte, dit-il, obtenir de moi des confidences et des renseignements sur les projets de la majorité, quel nom M. Veuillot lui-même donnait-il à sa démarche ? » Il ajoute : « Je le fis *consigner à ma porte*, mais il ne s'y présenta pas. »

Je sais bien que la mémoire de Louis Veuillot ne saurait souffrir de ces vilenies. Quelques pauvrets, enclins à la malveillance, pourront s'y arrêter ; quelques esprits irréfléchis, d'autant plus prompts à juger qu'ils manquent de jugement, pourront s'y laisser prendre ; mais quiconque, ayant lu Louis Veuillot et connaissant son œuvre et sa vie, lira les Mémoires, verra bien que M. de Falloux outrage la vérité. Cela serait visible, même sans la lumière que jettent sur cet incident, non seulement la polémique de 1856, mais tant d'autres qui l'ont suivie. Aussi lorsque nous signalons cette calomnie d'outre-tombe, si lâche contre celui qu'elle vise, si terrible contre celui qui l'a commise, c'est moins pour défendre Louis Veuillot que pour achever de peindre M. de Falloux.

Cet article du 17 novembre, dont les Mémoires reproduisent de courts extraits arbitrairement rapprochés, est, non pas une œuvre de parti amère, partiale, violente, comme le prétend M. de Falloux, mais un appel à la concorde. Il roule tout entier sur ce thème, qui nous était habituel : la situation est très grave, et si l'accord ne se fait pas entre la majorité parlementaire et le chef de l'État, on en sortira par une mauvaise porte. —Quant aux révélations, il n'y en avait d'aucune sorte. L'état des partis n'était ignoré de personne, et ce que l'*Univers* en disait une fois de plus se trouvait partout.

La question, à l'ordre du jour, était celle-ci : Louis-Napoléon mettra-t-il le général Changarnier et M. Thiers à la Conciergerie, ou M. Thiers et le général Changarnier mettront-ils Louis-Napoléon à Vincennes ? Cette grosse partie se jouait à découvert. M. de Falloux le constate lui-même en plusieurs endroits. Il rappelle l'infatuation de M. Thiers, convaincu qu'il avait fait Louis-Napoléon et pourrait le défaire, et se demandant s'il prendrait la présidence pour lui ou la donnerait au prince de Joinville ; il gémit sur la présomption du général Changarnier affirmant que, le jour où il lèverait le doigt il serait le maître, et gardant cette assurance jusqu'à l'heure de son arrestation, il signale amèrement les divisions publiques de la majorité et la force qu'en tirait le parti napoléonien ; il dit les inquiétudes qu'inspirait le ministre de la Guerre, Saint-Arnaud ; il rapporte ce propos de M. de Persigny, coutumier de semblables audaces : « Passant un jour devant un groupe de la droite où l'on causait avec animation, il s'arrêta et dit avec son calme apparent : « Eh bien ! Messieurs, vous complotez « contre le Président ? — Pas du tout, répondit « un des interpellés, nous nous demandons quel « jour nous devons retenir nos places à la dili- « gence pour retourner chez nous. — Vous « feriez bien mieux de retenir votre place au « Sénat ! » répliqua M. de Persigny, et il continua tranquillement son chemin. »

M. de Falloux affirme qu'alors l'*Univers* était *enrôlé* dans les *complots* de l'Élysée. L'*Univers* ne complotait pas plus avec l'Élysée qu'avec

MM. Thiers, Changarnier, de Falloux, etc. Des divers hommes politiques marquants entrés dans le jeu de l'Élysée, voyant venir avec satis- faction le coup d'État et se riant des impuissants complots des parlementaires, il n'en fréquentait qu'un : M. de Montalembert, lequel nous accu- sait de tiédeur. Pour que les amis de M. de Falloux n'en doutent pas, je cite quelques lignes d'une lettre datée du 14 novembre 1851, adres- sée à un ami commun (j'ai l'autographe) · « Je crois être assuré du concours de Veuillot, quoique l'*Univers* soit toujours d'une faiblesse désespérante. La conversation de Falloux que je lui ai rapportée a fait sur lui un grand et salutaire effet. » On connaîtra tout à l'heure cette conversation, et l'on sera convaincu, si la chose n'est pas faite encore, que les « confidences » de l'ancien ministre n'apprirent rien à Louis Veuillot, non seulement sur l'état général des esprits et des partis, mais encore sur les dispo- sitions personnelles de son interlocuteur.

Dans tout ce chapitre des *Mémoires d'un royaliste*, M. de Falloux, en même temps qu'il calomnie Louis Veuillot, fausse sa propre atti- tude. Il s'applique à faire croire qu'il avait par-

ticulièrement en vue les intérêts de l'Église.
Non, ces intérêts furent alors le moindre de ses
soucis. Tout son groupe politique poussait au
conflit, et nul n'y mettait plus de passion que
lui. Ces emportements, que nous trouvions déplorables, indignaient M. de Montalembert.
Bien des lettres de lui le prouvent. Je citerai
l'une d'elles, d'abord parce qu'elle a été écrite
pour être publiée plus tard, ensuite parce
qu'elle fera bien connaître le fond des discours
que le 16 novembre nous tint M. de Falloux. Je
note que la conversation qu'on va lire est celle
dont M. de Montalembert disait, le 14 du même
mois : Je l'ai rapportée à Veuillot. — Les souli-
gnements et les parenthèses sont de M. de Montalembert :

« Paris, ce lundi 11 novembre 1851.

« MON TRÈS CHER AMI,

« ... Nous sommes entre deux adversaires
qui désirent également la lutte : le Président
est à bout de patience ; il voudrait bien n'être
pas l'agresseur, mais il aspire après le moment
où on l'attaquera, afin de frapper à son tour et
d'en finir. De l'autre côté, MM. Thiers, Chan-

garnier, Molé et *Falloux* veulent **une crise, et
la plus prochaine possible**. J'en ai acquis la
preuve dans deux conversations que j'ai eues
avec *Falloux* le samedi 8 et le lundi 10 octobre,
en me promenant avec lui dans le pourtour de
l'Assemblée, et qui compteront à coup sûr parmi
les plus *étranges* et les plus *importantes* de ma
vie. Je crois devoir vous en faire part sous le
sceau du secret, mais afin qu'elles servent à
éclairer la situation, et afin qu'elles restent
aussi *par écrit* pour l'avenir. Il est donc venu
spontanément à moi, et, après un débat rétros-
pectif et récriminatif, que je n'ai pas le temps de
reproduire, sur la part de responsabilité qui re-
vient à chacun dans les événements qui ont
amené la crise actuelle (responsabilité qui, selon
moi, retombe *tout entière* sur les chefs de la
coalition nouvelle), il m'a parlé à peu près en
ces termes : « La France périt moralement :
« chaque jour elle dépérit et se déprave davan-
« tage ; elle ne vit plus, elle vivote. Rien ne peut
« être plus fâcheux que la durée de l'état de
« choses actuel : il nous mène légalement et
« doucement à l'anarchie ; une crise violente,
« sanglante peut *seule* sauver le pays. » Comme

je lui demandais s'il croyait que la crise désirée
aurait pour résultat le rétablissement de la monarchie et le retour du comte de Chambord, il
m'a répondu : « *Non : elle aura pour résultat le*
« *triomphe des rouges et peut-être celui du prince*
« *de Joinville* : mais ce ne sera qu'une crise
« passagère. Vous et moi nous y resterons. Je
« suis en règle : j'ai fait mon testament, je me
« confesse le plus souvent que je puis ; mon
« sacrifice est fait. La France ne peut être sau-
« vée qu'à ce prix. Elle aura l'énergie de résis-
« ter à l'oppression des rouges ; elle succom-
« bera lentement au régime actuel. *Le clergé*
« *s'en va* » (lisez : le clergé n'est plus légitimiste) ; « l'archevêque de Paris [3] gagne du cré-
« dit ; un curé est venu reprocher à Corcelle la
« part qu'il a prise à l'expédition de Rome.
« Tout le bien que pourrait faire le Président
« est fini, il est *épuisé ; encore une fois, le triom-*
« *phe des rouges vaut mieux que le règne actuel ;*
« je ne crois pas, je ne veux pas avoir contribué
« à l'amener, *mais je m'y résigne plutôt qu'à la*
« *durée du gouvernement du Président ! ! !* »


1. Mgr Sibour.

« Stupéfait, renversé par de tels aveux et si spontanés, je lui objectais le progrès incontestable de la religion, les collèges libres, les monastères, les conciles, le contraste entre le jubilé de 1851 et celui de 1825. Il me répondit : « *Tout cela n'est rien;* ou du moins tout cela « n'est que superficiel. Je n'apprécie pas ce pro- « grès comme vous; cela tient à la différence « radicale de nos opinions : vous avez tou- « jours cru que les gouvernements révolution- « naires étaient favorables à l'Église; pour moi, « je les crois mortels à la religion, à tout, ce- « lui-ci comme la monarchie de Juillet. » — Je lui rappelle l'enthousiasme avec lequel il a applaudi à la révolution de Février, à la République, alors que je la déplorais et la maudissais, et lui demande comment il peut choisir le moment où, sous le régime républicain, il est évident que la France se porte *moralement* mieux que sous la monarchie pour se résigner à noyer dans le sang tous les progrès, toutes les institutions, toutes les conquêtes qui nous intéressent le plus comme catholiques. Il me répond toujours : « Les rouges arrivent légale- « ment, tardivement; il vaut mieux en finir sur-

« le-champ. — J'ai eu trois phases : j'ai cru d'a-
« bord à la République ; au 10 décembre, j'ai
« cru que la France n'en voulait pas et j'ai cher-
« ché à tirer parti du Président ; maintenant je
« vois qu'il n'y a rien à faire de lui : c'est un *fou*,
« un sensualiste, un étourdi, qui n'a rien appris,
« qui va tout brouiller, etc. Nous étions tous
« disposés à le réélire, nous y étions résolus,
« nous travaillions déjà pour cela » (témoin le
discours de Berryer où il disait que la réélec-
tion du Président serait le plus grand des malheurs, témoin aussi la Correspondance de Saint-
Chéron et toute la presse légitimiste !) « J'ai
« plaidé la cause auprès du comte de Cham-
« bord, lequel m'a dit que le Président, *sous*
« *quelque forme que ce fût*, valait mieux que la
« République... Mais aujourd'hui c'est trop
« tard : il a donné sa mesure, etc., etc. » —
Enfin je lui fis une dernière objection : je lui
montrai Rome, et le Pape prisonnier des Français, par ordre de la République rouge... Il
hésite un instant, puis me dit : — « *Ah! les*
« *Autrichiens et les Russes seront à la fron-*
« *tière, et ils arrangeront tout avant que cela*
« *n'ait le temps de durer !!!* Après tout, les

14

« Autrichiens valent mieux pour lui (le Pape)
« que les Français. »

« Ainsi vous le voyez, dans la pensée du chef
le plus éminent et le plus prudent du parti légitimiste, ce qu'on veut, c'est bien comme on
l'a dit : *arriver à la terre promise par la mer
Rouge* et amener la guerre civile pour aboutir à
la guerre étrangère.

« Je n'ai pas pu m'empêcher de lui dire que
si quelqu'un lui avait attribué devant moi de
pareilles opinions, je l'aurais traité de calomniateur, et j'ajoutai que c'était avec des raison-
nements analogues qu'on s'était décidé à la
*Saint-Barthélemy!*

« Il m'a répondu par des remontrances contre
mon attitude actuelle, qui n'est au fond que
celle d'un *matelas* qui s'interpose entre deux
enragés — il m'a dit qu'elle manquait de dignité, de sagesse, etc., le tout avec les formes
l es plus suaves et les plus charmantes... »

Voilà quelle était la politique de ce catholique et royaliste libéral. Louis Veuillot, la
jugeant contraire aux intérêts de l'Église et de
la France, refusa nonseulement de la servir,

mais de rester neutre. Ce refus amena la rupture définitive de l'*Univers* avec M. de Falloux [1].

1. Si l'on veut bien savoir quel était à cette époque l'état des esprits et des partis, il faut lire : 1° les lettres écrites de Paris du 1er avril 1851 jusqu'après le coup d'Etat par Donoso Cortès à ses amis d'Espagne (deuxième volume de ses œuvres); 2° les ouvrages de MM. Granier de Cassagnac, Ténot, Véron, Daniel Stern, Meyer, Bélouino; le 4e volume des Mémoires posthumes de M. Odilon Barrot, publiés par M. Duvergier de Hauranne, etc., sur la République de 1848 et le coup d'État ; 3° les articles de l'*Univers* durant ces deux derniers mois du conflit qui se termina le 2 décembre. On comprendra alors combien le récit des *Mémoires d'un royaliste* est faux et impudent.

### CHAPITRE XIII

## ENCORE LE CALOMNIATEUR

Louis Veuillot, parlant de notre entretien du 16 novembre 1851 avec M. de Falloux, — non pas dès le lendemain dans le journal, où il n'en rapporta rien, mais cinq ans après, — disait : « M. de Falloux exposait des préventions exagérées, une confiance précipitée, des desseins téméraires. » M. de Montalembert, on l'a vu par la lettre que nous avons citée, rendait en termes beaucoup plus vifs, beaucoup plus durs, le même jugement. Cette conduite de M. de Falloux, son violent désir d'en finir au plus vite et à tout prix avec le Président, étaient d'autant plus étranges que, d'après ses Mémoires, il ne voyait pas ce que l'on pouvait faire et ignorait les projets des hommes auxquels il s'associait avec tant de passion. Si M. de Montalembert et l'*Univers* l'avaient écouté, le bon guide que le parti catholique aurait eu là ! Tout son espoir de succès reposait sur le « plan » du général Changarnier, devenu l'espoir des parlementaires, et justifiant ainsi le mot de Louis Veuillot lorsqu'il avait vu M. Thiers courtiser le général : « M. Thiers se forge une épée. » Ce fameux « plan », que M. de Falloux nous aurait confié le 16 novembre, il n'en eut le secret qu'à « la fin » de ce même mois, en prenant le café chez M. Molé avec MM. Berryer, de Noailles, Vitet et le général (2ᵉ volume, p. 133, 134). Et il n'y avait pas de plan ! Changarnier comptait sur son ascendant pour enlever l'armée au moment voulu et n'admettait pas qu'un coup de main fût possible contre lui. Mon appartement, disait-il aux conjurés, dont il faisait ce jour-là des initiés, « est une petite forteresse. Les habitants de ma maison me sont absolument dévoués; particulièrement le pâtissier qui loge au rez-de-chaussée, et tous ses marmitons »; donc on ne pourra me surprendre, et le jour où l'Élysée se découvrira, j'aurai partie gagnée. M. Thiers ne caressait pas des conceptions beaucoup plus fortes. Et voilà quelles têtes menaient la majorité à l'assaut de la présidence!

M. de Falloux dit que les confidences du général et le ton dont elles furent faites lui causèrent une *indicible tristesse*, et qu'il sortit de cet entretien tenant sa cause pour perdue. Ne reconnut-il pas aussi que Louis Veuillot avait eu raison de lui dire une quinzaine de jours plus tôt : « Vous ne savez pas où vous allez, vous avez de dangereux alliés ; la majorité, qui, même unie, ne pourrait rien, est irrévocablement divisée. Montalembert a raison contre vous, je ne puis vous promettre la neutralité ! »

Notons ici qu'au lendemain de cette séance chez M. Molé, M. de Falloux, ne croyant plus au général Changarnier et se portant fort pour ses amis les parlementaires, fit à l'un des partisans de Louis-Napoléon, le baron de Heeckeren, des ouvertures où celui-ci vit la promesse positive de faciliter un coup d'État, semi-législatif et semi-militaire. — Ce fut une méprise de M. de Heeckeren, s'écrie M. de Falloux, je m'étais borné à lui dire : « Si le Président faisait apporter à la tribune des *mesures énergiquement conservatrices, pourrions-nous refuser de les voter?* » Hum! dans l'état de choses, rien que cela, c'était déjà beaucoup, et si l'on raisonnait comme M. de Falloux, quel parti l'on pourrait tirer de cet aveu contre lui! Sans trop insister, nous devons au moins rappeler la charmante réponse du Président (qu'on n'oublie pas que la chose se passait le 1<sup>er</sup> décembre 1851 au soir, cinq ou six heures avant la mise en cellule de MM. Thiers, Changarnier, etc.) : « Je suis enchanté de la bonne nouvelle que vous m'apportez, mon cher Heeckeren, mais je suis bien occupé; venez me voir *demain matin,* à dix heures, nous en causerons[1]. »

L'*Univers* ne poussait pas au coup d'État, mais il y adhéra sans peine. Jamais il ne songea moins à se séparer de Montalembert. De cette adhésion limitée, conditionnelle, M. de Falloux fait un acte où s'associaient l'enthousiasme et le servilisme. Il dit que l'*Univers* était au diapason du *Constitutionnel,* organe officieux de M. de Morny, et que tous deux, à force de presser M. de Montalembert, en *obtinrent malheureusement* un manifeste que, livré à lui-même, il n'eût pas fait. Voilà une singulière manière de défendre un ami. L'*Univers* n'eut jamais rien de commun avec le *Constitutionnel* et resta tout à fait en dehors des relations que le chef du parti catholique put former de ce côté. Nous citions

---

1. On trouvera à l'appendice quelques renseignements sur cet incident dont M. de Falloux n'aimait pas à parler.

la feuille de M. de Morny comme les journaux libres citent les organes du pouvoir, et notre ton n'était nullement le sien. La chose est facile à vérifier. S'il nous arriva de publier en même temps que le *Constitutionnel* certaines petites pièces de quelque intérêt, ce fut au profit de M. de Falloux lui-même et sur son désir transmis par M. de Montalembert. Il s'agissait de billets, où l'ancien ministre de Louis-Napoléon expliquait en termes habiles le langage équivoque qu'il avait tenu après le coup d'État au sortir de cellule. Loin de lui refuser ce service, **nous fîmes** à ses très brèves réclamations les honneurs de la première page. Voilà quelle fut toute toute notre alliance avec le *Constitutionnel*. M. de Falloux l'a très bien su. S'il dit le contraire, c'est afin de faire peser en grande partie sur Louis Veuillot la responsabilité de la conduite que tint alors M. de Montalembert.

Cette responsabilité serait à coup sûr très acceptable, et nous songeons moins à la repousser qu'à donner exactement les faits; il n'entre, d'ailleurs, ni dans notre sujet, ni dans nos intentions, de rappeler et de juger ce que fit M. de Montalembert avant, pendant et après le coup d'État. Nous n'en voulons parler que dans la mesure où il le faut pour donner aux *Mémoires d'un royaliste*, en ce qui touche Louis Veuillot et l'*Univers*, d'indispensables démentis.

M. de Falloux, qui le 1er décembre — trop tard ! — avait ébauché un mouvement tournant pour se rapprocher de Louis-Napoléon, accepta d'abord avec sérénité la défaite des parlementaires, et l'on se demanda s'il bouderait longtemps le régime nouveau. Condamner absolument, comme il le fit, ceux qui se prononceraient par un vote négatif contre le coup d'État et déclarer que les hommes d'ordre, sauf les chefs de file ayant marqué dans les dernières luttes, ne devaient pas s'abstenir, c'était, sous une forme oblique, *fallouxienne*, conseiller le vote affirmatif. Un tel conseil ne dénonçait pas un irréconciliable. Le journal angevin de M. de Falloux suivait également cette voie très sage. Ses articles obtenaient nos éloges, et il ne s'en montrait pas fâché. Mais cela ne dura pas. M. de Falloux, cessant d'être ondoyant et divers, reprit rang parmi les grands politiques qui avaient compté sur le général Changarnier, aidé des « marmitons » de son voisin le pâtissier, pour mettre le Président à Vincennes et le prince de Joinville à la présidence.

La sagesse ou les hésitations de M. de Fallouv avaient été d'autant plus remarquées que les autres notables du parlementarisme, remis de leur terreur du premier jour, convaincus que le Président respecterait les personnes et voyant les rouges muselés, se montraient furieux. Il fallait se prononcer. M. de Falloux devint moins réservé, moins calme, puis passa dans l'opposition absolue. Tout au contraire, M. de Montalembert, un peu troublé au début, non content d'accepter le coup d'État, le loua. Que d'injures il reçut pour cet acte viril que sa conscience lui dictait, et par lequel il était convaincu de servir l'Église ! M. de Falloux ne songea pas à dire, pour le défendre, qu'il subissait l'influence de Louis Veuillot. Il lui fallut une trentaine d'années pour trouver cela. Tout au contraire, sans y mettre la même violence, il fit cause commune avec les enragés du parlementarisme qui accusaient M. de Montalembert d'avoir, plus que l'*Univers*, contribué à faire passer les catholiques du côté de « l'homme de décembre ». Les journaux étrangers, particulièrement les journaux belges, dont quelques exemplaires ou quelques fragments de numéros prohibés pénétraient en France par contrebande, servaient d'organes aux mécontents. De plus, on faisait circuler dans les salons des « nouvelles à la main » et des copies de lettres que la presse parisienne n'eût pu publier sans danger. M. de Falloux usa de ces moyens contre M. de Montalembert. Je le vois par une lettre de celui-ci (18 décembre) : « ... Je vous transmets copie de ma réponse à Falloux, qui fait circuler ici (à Paris) des copies de la lettre qu'il m'a écrite... » M. de Montalembert parlait ensuite de démentis échangés avec Berryer et ajoutait : « Je ne crois pas que le pauvre Falloux sorte grandi de tout cela. Cependant son parti a trop besoin de lui pour ne pas lui maintenir un piédestal. » Traitant le même sujet de la semaine suivante, il ajoutait : « ..... Chaque jour mon temps, ma patience, ma dignité, sont compromis par les lettres entortillées de M. de Falloux et les lettres *grossières* de M. Berryer, imprimées dans l'*Indépendance belge*, et qui me dénoncent à l'Europe comme un homme *perfide*, *équivoque*, etc. » Le 5 janvier 1852, revenant encore sur ces colères et ces outrages, qu'il prenait trop à cœur, il disait : « ... Tout ce que j'apprends me fait connaître que la fureur des salons et des anciens partis, loin de diminuer, s'augmente et s'exaspère contre moi. Je passe pour le chef du parti *des cochons ;* c'est le terme élégant dont on se sert, en y ajoutant force invectives contre les *dévots*, seuls capables de tant d'ignominies, au dire de ces purs et fiers chrétiens.

« On plaint surtout l'Église d'être compromise et déshonorée par mon action sur elle ; et le *Bulletin français*, journal rédigé à Bruxelles par Alex. Thomas sous l'inspiration de M. Thiers, annonce pour son prochain numéro un article intitulé : *Le Péril de l'Église.* M. Thiers, de son côté, dit tout haut que je suis le *Judas de la Chambre*, que M. de Falloux est un honnête homme, mais que moi je ne suis qu'un traître, et qu'il m'insultera publiquement à la première occasion. »

En même temps qu'il réclamait ainsi contre le groupe où se trouvait M. de Falloux, il écrivait : « Je suis en union intime avec Veuillot. » Qu'on se reporte aux *Mémoires d'un royaliste*,

et l'on verra que toute cette situation y est absolument faussée.

Je note au passage que M. de Montalembert
eut alors parmi les catholiques, en France et au
dehors, les plus nobles et les plus importants
appuis. J'ajoute qu'il sut parler au Président en
chrétien. Parmi les conseils qu'il lui donnait,
je souligne celui de ne pas s'en tenir pour la
liberté de l'enseignement et la réforme de l'U-
niversité à la loi de 1850. « J'ai dit au Prince,
écrivait-il, que la sympathie de l'esprit catholique lui venait naturellement, mais que, pour
se l'assurer durablement, il fallait certaines
garanties solennelles en matière de liberté d'enseignement et de liberté religieuse... » Et ailleurs : « J'ai soumis au Prince un projet de décret *sur la liberté de l'enseignement et la réforme
de l'Université.* » La loi de 1850 n'était donc pas
sacrée pour lui ?

A partir de 1852, M. le comte de Falloux fut
de toute campagne qui se fit contre Louis Veuillot. Il encouragea de ses gratifications ou de
ses souscriptions jusqu'à Jacquot, dit de Mire-
court. Mais laissons les petites affaires pour
noter les grosses. Sous ce titre : *Le Parti catho-*

*lique*, il publia en 1856 un long réquisitoire contre l'*Univers*, le personnifiant, à bon droit, d'ailleurs, dans Louis Veuillot. C'était, sous une forme impérieuse, avec des habiletés de sophiste et des visées de penseur, une falsification constante et haineuse de notre œuvre!

Les faits y étaient faussés, les citations tronquées, les doctrines dénaturées. Le tout devait établir que l'*Univers*, au lieu de servir la cause religieuse, la compromettait et que l'on devait mettre en doute son indépendance vis-à-vis du pouvoir. Cette dernière accusation, à laquelle la nature venimeuse et abaissante de M. de Falloux le portait invinciblement, n'était pas formulée avec l'audace et la netteté qui sont, en quelque sorte, la sincérité du mensonge. Non, elle circulait sous le couvert d'insinuations, de présomptions, dans des phrases serpentantes et bien travaillées ; de telle sorte que le lecteur en était pénétré sans qu'elle fût carrément émise. L'habileté, a dit M. Renan, est de ne pas conclure. M. de Falloux, homme retors, n'eut pas écrit cet axiome, mais il savait le pratiquer.

Louis Veuillot, de sa main vigoureuse, brisa cet astucieux travail et somma son adversaire de dire ce qu'il entendait par nos jours de *sou-plesse*, ou de *complaisance* pour d'*impérieux* alliés. « Que M. de Falloux, disait-il, épuise ce débat. A-t-il un document, a-t-il un témoin qui dépose contre nous d'une pensée, d'un mouvement d'intérêt personnel, d'une tendance quelconque à tirer de la cause que nous servons un profit privé quelconque? Qu'il produise ce document, qu'il amène ce témoin. S'il n'a que sa parole, nous donnons la nôtre, et nous en restons là. »

M. de Falloux fit, sur l'ensemble de la réponse de Louis Veuillot, une réplique, où il essaya d'être impertinent et digne, mais il ne releva pas ce défi.

Peu de temps après, il eut sa part dans la confection et la diffusion du misérable libelle *l'« Univers » jugé par lui-même*. Mais puisque les Mémoires ne parlent pas de cet écrit, que vingt-huit évêques flétrirent publiquement, et puisque le prêtre qui en prit la responsabilité est mort, n'en parlons pas non plus. Nous l'avons d'ailleurs jugé comme le demandait la justice quand le signataire était encore là et pouvait réclamer. Il ne réclama pas.

Napoléon III, qui s'était affirmé, qui avait grandi en faisant de la politique d'ordre, en favorisant les intérêts conservateurs et religieux, laissa voir, après la guerre de Crimée, que l'homme de l'Italie révolutionnaire n'était pas mort en lui. Louis Veuillot comprit et signala tout de suite les dangers de cette tendance. La collection de l'*Univers* et les *Mélanges* en renferment de nombreuses preuves. M. de Falloux dit néanmoins que, devant des prodromes sur lesquels on ne pouvait se tromper et que bientôt des actes suivirent, Louis Veuillot resta l'apologiste absolu de la politique impériale. Il ne se borne pas à le dire, il prétend le prouver. Et comment s'y prend-il? Oh! de la façon la plus simple. Il montre où en était la politique impériale en 1858 et 1859; il signale le coup qui frappa la société de Saint-Vincent de Paul; il rappelle que le *Siècle*, si hostile à l'Église, avait ses coudées franches; il appuie sur ce qui se faisait au profit de l'Italie unitaire, etc.; puis ajoute : A *cette époque* un observateur *attentif* (c'était lui) pouvait remarquer que l'*Univers*, tout « en se donnant pour le serviteur inflexible des principes » secondait *en fait*, par les *condescendances* et les *connivences les plus dangereuses,* l'odieux travail des ennemis de la religion et du pouvoir temporel. Puis pour bien établir qu'à *cette époque* (1859) Louis Veuillot était le complice et même le flatteur de Napoléon III, il cite une note écrite par le rédacteur en chef de l'*Univers* en 1854. Voilà M. de Falloux !

Est-il nécessaire de rappeler qu'en 1854 les catholiques français et Rome avaient à se louer de la politique impériale ? Cinq ans plus tard, il en était autrement, et l'*Univers,* ayant signalé le danger plus haut que personne, mourait de mort violente. Quant au *Correspondant,* dont M. de Falloux glorifie à cette occasion le grand courage, un autre sort l'attendait : le gouvernement le laissait vivre et il prospérait.

Dans cette suppression de l'*Univers* M. de Falloux voit l'occasion de calomnies nouvelles, très odieuses, mais, par leur bassesse même, encore plus ridicules qu'odieuses. Ne veut-il pas établir que si Napoléon III supprima l'*Univers* ce fut pour rendre service à Louis Veuillot et en raison de l'accord fait entre eux contre le Pape ? Voici son raisonnement : L'empereur ayant prévu, même avant de se mettre à l'œuvre, qu'il ne renverserait pas le trône pontifical sans rencontrer « l'ardente opposition des catholiques, résolut de la dompter », et pour atteindre ce but compta sur l'*Univers* ; il ne fut pas trompé. M. de Falloux ne produit pas le texte du contrat qui fut passé, mais il sait de source certaine qu'il y en eut un et en indique les conditions : l'*Univers* pourra parler haut sans avoir rien de grave à craindre ; on recevra ses critiques « comme l'*Intimé* recevait les coups de bâtons », afin d'en tirer profit, c'est-à-dire afin d'assurer à ce complice la confiance des catholiques et du Pape. Même quand on le frappera, s'il faut en arriver là, il restera *favori*. « Les rigueurs sincères, les colères vraies » seront pour le *Correspondant* ; et c'est pourquoi on laissera vivre cette revue. Comment, en effet, lui montrer constamment *rigueurs* et *colères* si elle ne vivait plus ? Cela étant posé aux pages 383, 391, 392, M. de Falloux dit, page 395 : « La suppression de l'*Univers*, dont ce journal se vanta souvent comme d'une persécution qui devait le placer au-dessus de tout soupçon, fut *en réalité* une *faveur exceptionnelle*. Lorsque le

Pape prononça l'anathème contre l'envahisseur
de ses États, dans des termes qui pouvaient s'ap-
pliquer également à Victor-Emmanuel et à Napoléon III, l'*Univers* ne pouvait, sans se désho-
norer et se *démasquer*, se dispenser de publier
la bulle d'excommunication qui lui fut directement expédiée. Il l'inséra donc, et le lendemain
il fut supprimé. »

Je n'ai pas à dire — ce serait trop long — dans
quelles conditions l'*Univers* reçut la bulle et la
publia ; j'affirme seulement que même sur ce
détail M. de Falloux n'est pas exact. Mais qu'importe ! Nous le citons pour mettre bien à découvert l'impudent et le calomniateur, et non pour
le discuter. Poursuivons.

Ayant ainsi, par la hardiesse du raisonnement
et d'habiles déductions, transformé la suppression du journal en *faveur exceptionnelle*, M. de
Falloux veut fortifier sa diffamation et, tout naturellement, il y joint quelques mensonges. « Le
voilà martyr (l'*Univers*) ! s'écrie-t-il, mais pour
dix-huit jours seulement. Après cette courte
expiation, il reparaît sous le titre : le *Monde*
chez le même imprimeur, dans le même format,
avec le même gérant, avec les mêmes rédac-

teurs, moins MM. Louis et Eugène Veuillot, qui *demeurèrent directeurs officieux*, au lieu d'être *directeurs officiels*. »

Très au courant par des amis communs de la façon dont les choses s'étaient passées après la suppression de l'*Univers* et ayant toujours bien connu l'organisation du *Monde*, M. de Falloux ment ici de propos délibéré. Jamais MM. Veuillot n'ont eu, je ne dirai pas la direction, mais l'ombre d'action sur le journal qui remplaça à la fois l'*Univers* et la *Voix de la Vérité*, que **M.** Taconet acheta 50,000 francs, avec l'autorisation d'en changer le titre. Très jaloux de son autorité, très légitimement désireux de conserver sa propriété, et très sûr, que, de longtemps, Louis Veuillot ne serait ni autorisé à fonder un nouveau journal, ni libre d'écrire dans un journal existant, M. Taconet ne nous consulta jamais ni l'un ni l'autre. De quelle terreur il eût été frappé si notre cher du Lac, qui tenait au *Monde* la queue de la poêle, lui avait dit un jour : Nous avons un article politique de « Louis » ! Il eût tremblé même devant un article d' « Eugène ». Les relations personnelles elles-mêmes cessèrent. En sept ans Louis Veuillot, grâce à la fermeté de Melchior du Lac, put introduire dans le *Monde*, sans les signer, trois articles : deux nécrologies et le récit d'une fête religieuse. Quant à moi, je n'y ai rien écrit du tout. Ce ne fut pas toujours sans peine que nos anciens collaborateurs purent signaler nos travaux de librairie ou nos articles de la *Revue du Monde catholique*. Du Lac, resté notre ami intime, souffrait tellement de cette situation, qu'entre nous et lui il n'était presque jamais question du *Monde*.

Encore une fois, M. de Falloux a su tout cela, non seulement parce que nous l'avons dit de son vivant — ce qui suffirait ; — mais aussi parce qu'il suivait de très près les affaires de la presse catholique et que certains de ses amis avaient au *Monde* leur entrée. Seulement, il fallait bien qu'il fît un nouveau mensonge pour arriver à cette conclusion : « M. Veuillot fut-il très affligé de voir disparaître *sa signature* d'un journal où son esprit demeurait ? La suite des événements permet d'en douter... Si l'on regarde *à l'embarras de sa situation*, si l'on réfléchit que la bulle romaine *l'acculait* à la nécessité ou de déserter la défense du Saint-Siège ou de rompre irrévocablement avec Napoléon III, on comprend bien qu'il se sentit plus soulagé que puni, et qu'il dut *bénir* dans son for intérieur un silence *opportunément imposé.* »

Enfin ! a-t-il assez inventé ? a-t-il assez calomnié ? Non, pas encore. La preuve, dit-il, que M. Louis Veuillot s'entendait avec l'empereur, c'est qu'il aurait pu *continuer la lutte, soit par des brochures, soit par la création d'un journal en Suisse ou en Belgique*, et qu'il n'en fit rien. Seulement, après s'être longtemps tenu coi, forcé, par *ses amis* surpris et *devenus gênants*, de reparaître, il rentra un instant dans le combat, sous le prétexte de servir la cause catholique, mais en réalité pour la trahir.

Relevons ces iniquités dans l'ordre où le calomniateur les a produites.

« M. Veuillot, dit d'abord M. de Falloux, était à cette époque en cordiales relations avec plusieurs financiers de l'empire, et plus particulièrement avec l'israélite Mirès. Le Saint-Père le *détourna de ce genre de spéculation...* » Pardon ! Louis Veuillot, qui jamais ne spécula, n'avait à *cette époque* aucune relation d'un caractère quelconque avec aucun financier. C'est après la suppression de l'*Univers* qu'il connut M. Mirès. Celui-ci, concessionnaire des chemins de fer romains, offrit à l'ex-rédacteur en chef de l'*Univers*, et sur le conseil de M. de Sacy, rédacteur du *Journal des Débats*, une position dans l'état-major de cette entreprise. Louis Veuillot lui répondit : « Je vais à Rome, et je vous dirai oui ou non quand j'aurai pris langue. » Il prit langue et dit non. Les détails de cette négociation, dont quelques-uns offrent un assez vif intérêt, trouveront place ailleurs.

M. de Falloux raconte au même endroit que Pie IX, *toujours confiant* en M. Veuillot, avait *désiré le voir en toute intimité*, « pour le garder au service des intérêts religieux », et qu'en conséquence il « l'entretint confidentiellement d'un plan de vaste et libre organisation de la presse catholique hors de France ».

Mais comment M. de Falloux, qui n'a rien entendu, et auquel, à coup sûr, Louis Veuillot n'a rien dit, a-t-il tout su? C'est très simple : *Un de ses anciens amis, qui était aussi l'ami de M. Veuillot*, l'a instruit du fond des choses, et il a deviné le reste. Voilà pourquoi il parle des *plans* que le Pape exposa à l'ancien rédacteur

de l'*Univers*, en homme qui aurait pu dire :
J'étais là, Louis Veuillot eut certainement alors
avec Pie IX d'intéressantes et importantes conversations, dans lesquelles la presse eut sa part,
mais il faut attendre que je les aie rapportées
pour les connaître. Le *vaste plan*, que dénonce
M. Falloux, étant de son invention, n'y figurera
pas. Il y sera dit en revanche, avec les détails
nécessaires, quels services de presse Pie IX
attendait de Louis Veuillot et dans quelles
conditions il désirait que l'*Univers*, sous ce
nom ou sous un autre, ressuscitât en Belgique.

La grosse question était d'atteindre le public
français. Ceux qui lisent aujourd'hui les *Mémoires d'un royaliste* peuvent croire qu'en 1860
les journaux publiés à Bruxelles ou à Genève
arrivaient tout droit en France. Non, les uns
étaient absolument proscrits; les autres en-
traient quand la censure le trouvait bon. M. de
Falloux fausse donc les faits quand il dit que
Louis Veuillot, pour continuer la lutte, n'avait
qu'à créer un nouveau journal en Belgique ou
en Suisse. Ce nouveau journal eût été saisi à la
frontière, et il n'y aurait pas eu lutte du tout.

C'est pour cela qu'après avoir bien cherché, bien combiné, on y renonça.

Si M. de Falloux parle des *confidences* de Pie IX à Louis Veuillot, et du *vaste plan* que le grand Pontife exposa dans d'*intimes audiences* au journaliste, c'est pour arriver à cette conclusion, bien digne de son esprit trigaud : Quand le Pape, confiant et trompé, eut tout dit, quand il eut remis à Louis Veuillot des instructions secrètes et des papiers importants, celui-ci s'arrangea pour tout livrer à l'empereur. Jouant l'homme léger, il fit un paquet des papiers qu'on lui avait confiés, des notes qu'il avait prises sous la dictée du Saint-Père, et le mit dans sa malle. Puis, au lieu de veiller sur ce colis si précieux, il le confia, avec la clef, à un inconnu rencontré en wagon, homme complaisant et policier. Cet agent, remplissant le rôle qui lui était assigné, prévint ses chefs, et la malle fut saisie. L'empereur tenait les secrets du Pape. Le premier usage qu'il fit de cette arme fut d'empêcher l'*exécution des conceptions personnelles de Pie IX* en matière de presse. Tout cela est sûr, puisque M. de Falloux l'a su de l'ami commun et inconnu qui lui confiait, pour l'adoucir, les confidences de Louis Veuillot. Hélas! cet indiscret, bien intentionné et resté caché, perdait son temps. Vainement il disait à M. de Falloux, en lui parlant de Louis Veuillot : « Le pauvre homme est mortellement attristé » de la saisie de ses papiers, l'ancien ministre ne se rendait pas. Loin de là, il *s'enfonçait de plus en plus dans sa défiance.* Et pourquoi cela? Parce que Louis Veuillot, dans ses réclamations et explications, ne se montrait, assure-t-il, *ni très surpris ni très irrité* de son aventure. Avoir fait saisir les secrets du Pape et n'en pas pleurer, n'était-ce pas, pour les perspicaces, l'indice d'une complicité? M. de Falloux ajoute : « Le public trouva tous ces récits fort singuliers; mais l'*Univers* jeta un peu de sa poudre brillante aux yeux de ses abonnés, et le bruit de cet incident s'éteignit comme tant d'autres. »

Voilà un joli trait; seulement il est de trop. En effet, lorsque *cet incident* arriva, l'*Univers* était supprimé depuis trois mois, et il ne reparut que sept ans plus tard. Nul moyen donc pour lui d'aveugler les gens en leur jetant une poudre quelconque aux yeux.

Mais enfin, ces papiers dont la saisie aurait dû affliger *mortellement* Louis Veuillot, que révélaient-ils? Ils ne révélaient rien. Le butin de la police se composait : 1° de lettres de chancellerie, avec suscriptions latines, relatives à des demandes de titres ou de décorations adressées au Nonce apostolique pour qu'il les fît parvenir aux intéressés ; 2° de lettres de famille ou d'affaires privées, de notes en vue de publications futures, notamment le *Parfum de Rome*, et de papier blanc.

Ce n'était point là ce que l'on cherchait. L'empereur, qui n'avait pas la conscience nette, redoutait un peu d'être excommunié, et l'impératrice s'en inquiétait beaucoup. Or, le monde officiel et policier, qui dès lors ne s'entendait guère aux choses religieuses et ne savait rien de la façon dont elles se traitent, croyait fermement que Louis Veuillot avait appuyé à Rome le projet d'excommunication et rapportait la bulle redoutée. Voilà le papier que l'on croyait trouver dans sa malle. « Savez-vous, lui disait quelques mois plus tard M. de Persigny, que le fait seul d'avoir demandé au Pape d'excommunier l'empereur vous rendait coupable de conspiration contre la France avec l'étranger, et nous donnait le droit de vous déporter? »

Si l'on veut d'autres détails sur le service d'espionnage organisé alors autour de Louis Veuillot, sur le *frère fileur* qui devait le suivre partout, et au retour ne pas perdre sa malle de vue, on les trouvera dans l'*Univers* du 17 janvier 1869 et dans les *Mélanges* (troisième série, t. III, pages 288-302). C'est sur ce récit, une perle d'humour et de style, que M. de Falloux a travaillé. Nulle part peut-être ce maître fourbe n'a montré plus de déloyauté dans l'exposé des faits et plus d'impudence haineuse dans les inductions, et tout cela afin de faire entendre que Louis Veuillot a dû trahir le Pape pour l'empereur! Rien ne prouve mieux que, même chez un homme d'esprit, la haine peut être bête. Le mot est gros, mais c'est le mot vrai, et je le laisse.

Quelque fidèle du libéralisme se demande peut-être si, dans les notes de Louis Veuillot saisies par la police, il n'était pas question du journal que désirait Pie IX. Oui, il y avait là le canevas du prospectus qui serait lancé si l'œuvre était tentée; Louis Veuillot, ne croyant pas qu'on pût créer et répandre un journal sans que personne le sût et que le gouvernement s'en doutât, préparait un appel aux catholiques. Cela avait été arrêté à Rome dans des conseils qui n'avaient rien eu de secret, car plusieurs souscripteurs conditionnels y avaient pris part.

Il ne s'agissait pas, en effet, d'une publication clandestine, que Louis Veuillot ne pouvait songer à faire et que Pie IX n'eût pas autorisée, mais d'une œuvre publique digne de l'écrivain qui devait la diriger et du Pontife qui voulait la patronner. M. de Falloux, qui avait alors des yeux et des oreilles au Vatican et même à l'ambassade de France, n'a rien ignoré de tout cela; s'il a dit le contraire dans les *Mémoires d'un royaliste*, c'est parce qu'il avait besoin du mensonge pour étayer ses calomnies.

C'est aussi par une fausseté qu'il entre en matière sur la question des brochures. Les *amis eux-mêmes* de M. Veuillot, dit-il, mécontents de son silence, *devinrent gênants*. « Ils lui répétaient sans cesse : « Mais faites donc une bro- « chure ! » Il en fit une. »

Non, il en fit cinq au moins, sans compter l'*Illusion libérale*, et M. de Falloux, son lecteur assidu, les a toutes lues de très près. Voici leurs titres :

*Le Pape et la diplomatie. — Waterloo. — Le Fond de Giboyer. — Le Guêpier italien. — A propos de la guerre.* — C'était aussi une brochure de combat, cette courte et militante biographie de Pie IX que Louis Veuillot publia pendant la suppression de l'*Univers*. Mais qu'a-t-il donc écrit durant ces sept années, comme durant toute sa vie de chrétien, qui ne fût dicté par l'amour de l'Église et dirigé contre l'ennemi, qu'il s'appelât le Parlement, la Presse, l'Académie ou César ? Les deux volumes du *Parfum de Rome* ne sont-ils pas, en même temps qu'un chant d'amour, une œuvre de combat, où bien des coups frappent en plein la politique et les actes de Napoléon III ?

Tenons-nous-en aux brochures. Pourquoi M. de Falloux, qui les a toutes connues, n'en compte-t-il qu'une : *Waterloo ?* C'est d'abord pour insinuer que Louis Veuillot n'était pas libre vis-à-vis de l'empereur, qu'il y avait entre eux quelque marché qui le liait ; c'est aussi parce qu'en détachant de cette brochure un paragraphe, il lui a paru facile de la présenter comme une *paradoxale apologie de Napoléon I*er.

Il n'y a — même dans ce qu'il cite — ni apologie ni paradoxe. Louis Veuillot y note en passant, pour le démontrer ensuite, que par la défaite de la France à Waterloo les nations protestantes, l'Angleterre et la Prusse, et la grande nation schismatique, la Russie, devinrent prépondérantes en Europe et réglèrent les choses de manière à fortifier cette prépondérance. Il cite à l'appui de sa thèse différents faits, notamment la création du royaume des Pays-Bas, qui soumettait la Belgique catholique à la Hollande protestante. Et, poursuivant sa démonstration, il dit que Napoléon I er, excommunié mais non apostat, était dans cette bataille, par la force des choses, comme souverain de la fille aînée de l'Église, le *capitaine catholique*. Qu'il y ait là sujet d'ergoter ou même de discuter, nous le voulons bien; mais comment y trouver l'apologie du grand vaincu de Waterloo ? Comment aussi nier qu'après leur victoire la Prusse, l'Angleterre, la Russie, ne fussent maîtresses de l'Europe?

M. de Falloux aurait pu cependant contester

là-dessus; il a préféré dire que Louis Veuillot, en publiant, de 1860 à 1867, cette *seule* brochure, avait encouragé par une *audacieuse et injustifiable flagornerie* la politique iialienne de Napoléon III.

Que répondre à cela, sinon que la seconde partie de *Waterloo* est dirigée tout entière contre cette politique? Il y est noté que l'empereur a changé de voie depuis l'attentat d'Orsini, et il lui est signifié qu'en méconnaissant, par son alliance avec le Piémont et ses complaisances pour les révolutionnaires, les traditions et les devoirs de la France, il marche à un second Waterloo pire que le premier. « J'ose dire, s'écrie Louis Veuillot, que la France sera encore la grande vaincue dans ce second Waterloo, plus désastreux que le premier; vaincue des mêmes ennemis, vaincue par suite des mêmes fautes...» Et plus loin :« Ce Piémont que l'on prend pour un ami et pour un renfort me rappelle l'arrivée des Prussiens sur le champ de bataille de Waterloo, la droite de l'armée catholique dégarnie et la bataille perdue. » Voici le dernier mot : « ... Ceux qui ont fermé l'oreille (aux avertissements des évêques) entendront le tonnerre. Hélas! ce qui fait l'angoisse de nos cœurs, à nous fils catholiques de la France, ce n'est pas la crainte que Dieu ne soit pas vengé. »

Était-ce le langage d'un courtisan, ou celui d'un chrétien qui voit où l'on va?

Et voilà l'écrit que M. de Falloux signale comme une œuvre d'*audacieuse et inqualifiable flagornerie*, ayant pour but de préparer la voie aux projets italiens de Napoléon III! C'est à croire qu'à force de dire faux, cet homme n'avait plus le sens du vrai. Le mensonge sortait de ses lèvres tout naturellement, comme du croc de la vipère sort le venin.

Le langage que tenait Louis Veuillot dans *Waterloo* eût été ferme en tout temps. Il était alors aussi hardi que possible. Non seulement les lois sur la presse permettaient de saisir tout écrit où le gouvernement voyait un excès, mais l'écrivain subissait forcément la censure de l'éditeur et de l'imprimeur. Ceux-ci, en effet, pouvant être poursuivis comme l'auteur, n'entendaient pas provoquer l'amende et la prison. Ils demandaient des ratures ou refusaient leur indispensable concours. C'est ainsi qu'il nous

fut impossible de publier **une brochure** inti-
tulée : *La suppression de l' « Univers »*. Je l'avais
écrite, et mon frère devait en faire la préface.
Nul éditeur ne l'accepta. Cependant, connaissant
la loi et voulant que mon écrit parût, j'y étais
d'une extrême modération. Cette censure, Louis
Veuillot dut la subir pour *le Pape et la Diplomatie, Waterloo, le Guêpier italien*, etc. Cependant, si l'on compare les brochures du temps
aux siennes, **on** verra qu'il sut donner au blâme
et à la vérité de vigoureux accents. Quel esprit
droit peut en douter?

M. de Falloux, au moment de conclure sur
l'œuvre de Louis Veuillot, prévoit une objection. Il craint qu'on ne lui reproche d'avoir
condamné une conduite et des écrits qui furent
loués de Pie IX? Prenant les devants, il signifie
à la *postérité* que si ce Pape mérita des hommages, il fut cependant sujet à l'erreur, qu'il se
trompa sur *plusieurs points politiques, et notamment sur deux hommes*, « le cardinal Antonelli et M. Veuillot ». Le premier, ajoute-t-il,
laissa une très *pauvre mémoire* et un trop *riche
héritage;* le second, « investi d'une sorte de dic-
tature dans la presse catholique, faussa cons-

tamment l'apologie religieuse et la *déshonora
autant que cela pouvait dépendre de lui* ». Foi
de Falloux !

C'est le mot de la fin ; il couronne l'œuvre tout
entière, mais ce n'est qu'un outrage, et s'il nous
convient de prouver que M. de Falloux, quand
il articule un fait, ment, nous jugeons superflu
d'établir contre cet homme à l'esprit salissant,
que Louis Veuillet n'a pas déshonoré la presse
religieuse. De son premier livre jusqu'à sa
mort, deux Papes, des centaines d'évêques, des
milliers de prêtres et le peuple chrétien ont dit,
au contraire, qu'il l'avait grandement honorée ;
cela suffit.

Pie IX ne s'est trompé ni sur Louis Veuillot,
ni sur M. de Falloux. En 1849 il a loué largement celui-ci de la part restreinte qu'il avait
prise à l'expédition de Rome, et, plus tard, jugeant les doctrines dont l'ancien ministre de
Louis-Napoléon était le défenseur passionné,
ces doctrines qui veulent *allier la lumière et les
ténèbres, accorder la justice et l'iniquité*, il a dit
que les catholiques imbus de telles idées et les
propageant étaient plus dangereux que les fau-
teurs mêmes de la Commune. M. de Falloux

comprit si bien qu'il était frappé que, dans ses Mémoires, il se vante, lui catholique, d'avoir été en pleine défaveur du Pape. Cette fois, il a dit vrai.

### CHAPITRE XIV

## CONCLUSION

Corneille a écrit sept ou huit comédies qui, toutes, contiennent des traits charmants et de jolies scènes; une seule cependant est restée au répertoire : *le Menteur*. Cette préférence est justifiée, car nulle autre des comédies du maître n'est aussi bien venue et n'a conservé tant de jeunesse. Les traits fins, joyeux et mordants sans être méchants, y abondent. A travers le rire résonne de temps à autre le vers cornélien, le vers du *Cid* et de *Cinna*, mais il ne détonne pas et la pièce est vraiment gaie. Néanmoins ce n'est pas un chef-d'œuvre : quelque chose de fort important y manque : l'observation. Dorante est *un* menteur, ce n'est pas *le* menteur. Garçon obligeant, léger, de belle humeur, il ment, soit pour se vanter, soit pour se tirer de l'embarras où quelque précédent mensonge l'a mis, soit même pour le seul plaisir de dire tout ce qui lui vient en tête. Il ne calcule rien. Son mensonge, toujours improvisé, est sans fiel comme sans habileté; il ne se tient pas; et, au total, ce hâbleur qui ment sans cesse ne sait pas mentir.

Le vrai menteur procède autrement : homme de réflexion et de calcul, il travaille son mensonge, il l'insinue plus qu'il ne l'affirme, et se ménage des moyens de retraite, des sortes d'alibi, afin de pouvoir s'échapper en s'écriant : « Votre interprétation va trop loin, vous me faites dire plus que je n'ai dit. » Ce « caractère » je viens de l'étudier, et je sais que pour bien rendre son personnage il a manqué à Corneille de connaître M. de Falloux.

Les *Mémoires d'un royaliste* n'ont pas d'épigraphe; celle qui leur conviendrait, la voici : *Lingua fallax non amat veritatem.* Ce n'est pas que tout y soit faux; seulement, sur toute question controversée, sur tout homme dont M. de Falloux a voulu se venger, la vérité n'y est dite que dans la mesure où elle peut protéger le dénigrement, la diffamation, la calomnie. C'est le cachet du livre. Voyez, dès les premiers chapitres, quelles mines M. de Falloux creuse et quels habiles travaux d'approche il fait pour atteindre plus tard le comte de Chambord! Il loue le jeune Prince, il voit en lui des espérances d'avenir; mais il marque d'une note louche « l'entourage ». Et, d'autre part, il a déjà jeté un peu d'encens aux princes d'Orléans. Les années s'écoulent, il donne encore des éloges, il continue de se dire dévoué, il veut toujours espérer; cependant la note venimeuse s'accentue. L'entourage, qui paraissait faible et douteux, devient étroit, soupçonneux, presque ridicule. Bientôt il sera dangereux.

Quant au Prince, le voilà jeune homme : il est de mine royale, les Mémoires en conviennent, et son esprit paraît alerte, mais il n'a pas encore de volonté, il ne sait rien voir, ni rien faire par lui-même; cela devient inquiétant, et M. de Falloux pressent des défauts qui pourront amener des *calamités publiques*. Le voilà homme, et il se laisse imposer des conseillers qu'il n'ose ou ne peut juger. M. de Falloux s'inquiète de plus en plus. Et quels sont, au fond, ces conseillers tout-puissants? De fidèles serviteurs dévoués d'une certaine façon à leur maître, mais nuls ou médiocres, et d'une *ignorance invincible*; si fermés aux choses du temps, si incapables d'apprécier les hommes, qu'ils se défient de Berryer et n'accordent aucun crédit à M. de Falloux.

Et plus le livre avance, plus cet esprit de dénigrement, qui vise constamment le Roi, se développe et s'affirme. Il deviendra de l'ironie, du dédain, de la colère, de la haine; il usera de la falsification et de l'outrage, mais sans oublier les nuances et les gradations. N'est-ce pas le moyen d'atteindre plus sûrement le but? Le comte de Chambord était coupable quand il semblait ne pas agir par lui-même; il sera plus coupable le jour où il dira : « Je prends la direction de mon parti et j'entends être obéi. » M. de Falloux, qui l'avait d'abord accusé de faiblesse, d'indécision, l'accusera ensuite d'absolutisme. S'en tiendra-t-il là? Non, il ne lui suffit pas d'attaquer la politique du Roi, il veut abaisser l'homme. Le comte de Chambord, dont la parole si nette, si noble, le caractère si franc et si généreux ont séduit même ses ennemis les plus déterminés, prend dans les *Mémoires d'un royaliste* la figure d'un dissimulé, faisant par calcul et par faiblesse des promesses contradictoires qu'il se réserve d'oublier, manquant à la fois de fermeté et de droiture, se retranchant dans des accusations déloyales et vagues pour couvrir les fautes où l'entraînaient son indécision et son illuminisme. Par exemple, il aurait faussé les faits en m'écrivant, au lendemain de la mort de Louis Veuillot : En 1873, lorsque « les *intrigues* d'une politique moins soucieuse de correspondre aux vraies aspirations de la France que d'assurer le succès de combinaisons de parti m'obligèrent à dissiper les équivoques en brisant les liens destinés à me réduire à l'impuissance d'un souverain désarmé, nul autre ne *sut pénétrer plus avant dans ma pensée, ni mieux donner à ma prostestation son véritable sens* ».

M. de Falloux, que cette lettre dut faire bondir, nie dédaigneusement que les parlementaires aient ourdi en 1873 une intrigue quelconque. Il suffit que la parole royale contredise la sienne pour que la cause soit entendue ; mais ne trouvera-t-on pas un jour ou l'autre quelque chose de plus ? Il est difficile d'intriguer beaucoup sans écrire un peu, et si les paroles ne laissent pas de traces, les papiers quelquefois se retrouvent. Cela pourrait arriver pour diverses lettres échangées alors entre parlementaires ? On doit compter là-dessus, et, de plus, on doit être convaincu que les derniers

16.

confidents et fidèles serviteurs du Roi ne voudront pas laisser sa parole en souffrance. Ils diront ce qu'il leur appartient de dire, ils révéleront ce qu'il leur appartient de révéler pour défendre une grande mémoire, dont ils ont particulièrement la garde.

C'était le droit de M. de Falloux, bien qu'il fût ou se crût ou se dît royaliste, de ne pas accepter toutes les idées du comte de Chambord et de ne pas aimer sa personne. Mais pourquoi tant de haine et pourquoi cette haine s'est-elle portée jusqu'au dénigrement, jusqu'à l'outrage, jusqu'à fausser les faits et les pièces? C'est que M. de Falloux ne pouvait être mécontent de quelqu'un, à tort ou à raison, surtout à tort, sans le haïr, et ne pouvait le haïr sans chercher dans le dénigrement et la calomnie sa vengeance. Or, le Roi avait trompé ses calculs et ses espérances. Convaincu de son mérite, ayant dans ses idées une confiance de sectaire et se jugeant supérieur à tous les royalistes en vue — ses Mémoires le prouvent, — il comptait prendre dans le conseil royal la première place, sauf à laisser Berryer jouir d'une présidence d'honneur. Il ne put y arriver et devint frondeur, puis ennemi. Seulement ce ne fut pas un ennemi loyal et, par conséquent, déclaré. Il fit la guerre aux doctrines du Roi, à son drapeau, à sa personne, et continua de se déclarer royaliste. Il faut reconnaître que cette tactique lui réussit et que le comte de Chambord eut la douleur de voir beaucoup de ceux qu'il appelait ses amis, et qui se déclaraient ses fidèles, lui tourner le dos pour suivre M. de Falloux. On a dit que Henri V, s'il n'avait jamais douté de son droit, avait douté de l'avenir. Pouvait-il, devant cet oubli des idées et des sentiments monarchiques, être bien confiant?

M. de Falloux, qui fut l'homme de l'affaiblissement des principes et de la division dans le parti royaliste, joua le même rôle dans le parti catholique. Il le fit également en vue de lui-même, il employa les mêmes armes; il a cherché les mêmes vengeances. On le vit, à la fois, royaliste contre le Roi et catholique contre le Pape. L'un et l'autre le rappelèrent au devoir; il n'en tint compte. Tout au contraire, cette *disgrâce* et cette *défaveur* lui firent *savourer* une *jouissance* d'un ordre particulier, mêlée d'âpreté et de charme, mais où le charme l'emportait. Ce royaliste fut toujours sûr d'avoir raison contre le Roi ; ce catholique, s'il s'irrita d'être blâmé par le Pape, — un blâme qui frappait ses doctrines — ne s'en inquiéta jamais. Ne savait-il pas qu'il avait, plus que Roi et Pape, le discernement des hommes et comprenait mieux qu'eux les besoins du temps? D'ailleurs il était toujours prêt à protester de ses bonnes intentions. Nul ne jouait plus volontiers double jeu. M. le marquis de Castellane, l'un de ses témoins, nous l'a montré *tenant en suspicion le Pape et les princes auxquels il se déclarait soumis.*

Cependant il est moins hostile à Pie IX qu'au comte de Chambord. C'est que le Roi, qu'il s'était promis de gouverner, l'avait, en lui montrant la porte, absolument déçu, et que le Pape, en condamnant le libéralisme catholique, l'avait simplement gêné. Il poursuivait, en effet, un but politique plutôt qu'un but religieux. L'ambitieux dominait chez lui le doctrinaire, et, malgré son goût pour le faux, le catholicisme libéral l'eût moins séduit s'il n'y avait pas vu un appui pour le parlementarisme et un moyen d'action personnelle. Du reste, sa réserve quand il parle de Pie IX est toute relative. Nous le voyons, là comme partout, l'homme de la rancune et du dénigrement. Il veut réduire ce grand Pape à la taille ordinaire et même le rendre petit. Il le montre hésitant, faible, sans clairvoyance, plus prompt à promettre que fidèle à tenir, sensible à la flatterie, dominé par des coteries, ne sachant jamais voir de quel côté sont le bon conseil, la prévoyance, le dévouement; se trompant sur les grandes questions politiques et sur les hommes, etc. C'est sa revanche du *Syllabus* et de l'infaillibilité, puis aussi de tant de coups portés au libéralisme, de tant d'encouragements donnés à Louis Veuillot.

M. de Castellane, ami dévoué, mais d'une mémoire trop fidèle et d'une plume trop expansive, nous dit où en était ce catholique libéral quand il fallut se soumettre au Concile. Il montre les autres chefs de l'école poussant des cris de douleur et ajoute : « Seul le comte de Falloux sut se contenir. Malgré son désespoir, il garda le silence. Tel un général d'armée vaincu, qui au soir de sa défaite, au lieu d'insulter son vainqueur, ne songe qu'à lui porter de nouveaux coups. »

Nous venons de rappeler, après en avoir donné de nouvelles preuves au cours de cette étude, comment M. de Falloux dans ses Mémoires se venge du Pape et du Roi. Il faut rappeler aussi qu'il a procédé de même sorte, mais naturellement plus à découvert, contre les catholiques et les royalistes qui ont dit à son ambition et à ses doctrines : On ne passe pas! Tous il a voulu les atteindre dans leur personne. Représentants de la vieille noblesse, portant dignement leurs grands noms, évêques dévoués au Saint-Siège et fermes sur les principes, députés, écrivains, tous il les a marqués de quelque note abaissante. Il en fait une galerie où l'on ne trouve aucun homme qui ait à la fois de l'intelligence, du caractère et de l'honneur. C'est une règle : quiconque l'a contredit ou simplement gêné, même sans le savoir, est un envieux ou un sot, un présomptueux ou un aveugle ; quiconque l'a résolument et efficacement combattu a obéi à un mobile honteux. Oui, il n'a eu ni foi, ni Dieu, ni loi, celui qui n'a pas estimé Falloux.

Notez que la polémique de ce contempteur n'est lestée d'aucun document, d'aucune preuve, d'aucun témoignage authentique, d'aucun texte pouvant résister au contrôle. M. de Falloux conjecture, induit, déduit, fait des rapprochements, invoque ses souvenirs, affirme, flétrit, condamne, et tout est réglé. Il faut le croire sur parole.

Etre cru sur parole, M. de Falloux l'a manifestement espéré. Il avait cependant de l'esprit. et même, en certains cas, du jugement; mais il s'était tant joué de la vérité qu'il ne pouvait plus mesurer le mensonge, et se flattait de tout faire accepter. C'est, comme œuvre de fausseté et de calomnie, le défaut capital des *Mémoires d'un royaliste*. On y reçonnait partout l'homme qui de son vivant reçut tant de fois en face, à juste titre, de sévères démentis sans jamais se décourager. Cependant, si ces leçons que lui infligèrent, en termes plus ou moins durs, mais toujours clairs, le comte de Chambord, M. Léo de Laborde, les membres du comité royaliste de l'Anjou, M<sup>gr</sup> Pie, Louis Veuillot et tant d'autres, ne purent le corriger, elles le retinrent un peu. Il sentait que fuir devant une accusation de fausseté, en promettant de répondre plus tard, ce n'était pas brillant. Ce frein, qui lui donnait quelque sagesse, il ne l'a pas eu en écrivant ses Mémoires — un livre d'outre-tombe, — et voilà pourquoi il s'y est montré fourbe et calomniateur au point de gêner même les méchants et de ne pouvoir tromper que les ignorants, les sots ou les étourneaux. Je prie M. l'abbé L. Lacroix, professeur d'histoire et conférencier de salon, qui, sur le témoignage de M. de Falloux, a tranquillement accusé Louis Veuillot de *félonie*, de croire que je ne songe nullement à le classer parmi les sots.

Le faux, marque distinctive des Mémoires de M. de Falloux, se trouve d'ailleurs, à un degré plus ou moins net, dans tout ce qui a marqué sa vie publique. Gentilhomme, il n'a pas d'ancêtres ; comte, il tient son titre d'un décret de fraîche date et cependant périmé par une révolution ; catholique et royaliste, il est élu représentant du peuple après une profession de foi républicaine, et entre dans le premier ministère de Louis-Napoléon ; il devient académicien sans titres littéraires et en vue de services politiques qu'il ne rendra pas ; il est lauréat des concours agricoles sans être personnellement agriculteur ; ennemi du comte de Chambord, il passe

pour son représentant; renié des vrais monarchistes, l'opinion le croit leur chef; enfin il
meurt, laissant contre le Roi et les doctrines
royales un pamphlet intitulé les *Mémoires d'un
royaliste.* Que ce titre donné à un tel livre est
bien de lui! Ceux qui l'ont connu voient sa
longue et maigre figure s'animer d'un sourire
vindicatif en l'écrivant.

Tout cela donne certainement l'idée d'un
habile homme. Il avait, en effet, de l'habileté et
il y joignait des dons précieux. Il savait parler
et s'éleva plusieurs fois à l'éloquence; il voulut
écrire et devint, dans une bonne mesure, écrivain; homme de surface, il cherchait volontiers
la profondeur et, pour les myopes, paraissait la
trouver; il avait de la décision et de la persévérance, du savoir et du savoir-faire; enfin il
causait avec gràce et finesse, abusant un peu de
la sentence et de l'axiome avec les gens qu'il
proposait d'éblouir, mais se soulageant dans le
privé par d'autres propos... « Le comte de Falloux, dit le marquis de Castellane, excellait à
conter les histoires légères; avant d'en commencer le récit, il ne manquait jamais de dire :
« Je ne sais si je dois raconter cette aventure;

17

« pourtant, puisque je la tiens de l'évêque du
« Mans... », et l'histoire allait son train. »

Ces qualités et ces aptitudes sont de celles
qui poussent leur homme; elles assuraient à
M. de Falloux une place distinguée dans le
monde du parlementarisme et du libéralisme,
sauf le cas où il y aurait joint l'amour des principes et le respect de la vérité. Il y joignit, au
contraire, l'esprit d'intrigue qu'il appela l'esprit
de conciliation, et sa fortune politique fut faite.
Petite fortune, en somme, et peu enviable pour un
catholique né royaliste, car elle le classe parmi
ceux qui ont achevé la ruine de l'idée monarchique, et que l'on a vu soutenir des doctrines
ou des tendances que l'Église a condamnées.

On a qualifié M. de Falloux d'homme d'État.
Pouvait-il être homme d'État, le politicien dont
M. Thiers fut pendant vingt-cinq ans l'idéal?
Cette admiration donne sa mesure et comme
conscience et comme portée politique. C'était
simplement un parlementaire entêté dans ses
idées, borné dans ses vues, ayant un mérite inférieur à son ambition et un caractère inférieur
à son mérite. Aucun de ses actes, aucun de ses
écrits ne révèle une nature primesautière et

**forte.** Il suit avec dextérité, avec ruse, la voie
où se trouve son parti. Mais sous quelque aspect que vous l'envisagiez : homme politique,
orateur, écrivain, il est sans conception qui lui
soit propre, sans initiative, sans originalité. S'il
peut paraître original en quelque chose, c'est
par sa tranquille audace dans le mépris de la
vérité et par une confiance absolue et cependant contenue en lui-même. Ce dernier trait
de caractère lui permit de s'imposer, sans leur
porter ombrage, à de plus importants que lui.
Il y gagna par exemple de conduire Berryer
en paraissant le suivre.

Au total, cet homme distingué a vécu dans le
faux, l'a servi et s'en est servi. C'est encore par
le faux qu'il reste un personnage. De quoi le
glorifie-t-on? De deux grands actes qui se seraient accomplis sans lui : l'expédition de Rome
et la loi de 1850. Son rôle dans ces graves ren-
contres a été secondaire, et même, à quelques
égards, fâcheux. Cependant il a fini par en
usurper tout l'honneur. Et pour couronnement
de cette carrière, où le faux a eu tant de part,
le comte de Falloux est mort, laissant derrière
lui ses Mémoires, œuvre de vanité, de haine et

de mauvaise foi, où la calomnie, surtout contre
Louis Veuillot, prend un tel caractère, est si
misérable, si odieuse et si absurde, qu'on peut
y voir, qu'il convient même d'y voir, de l'ob-
session et de l'inconscience.

# APPENDICE

J'ai cité, au cours de ce volume, des extraits de diverses lettres de M. de Falloux à Louis Veuillot. Aucun doute n'a été élevé sur l'exactitude d'aucun de ces extraits. Cependant, pour que l'éditeur et les approbateurs des *Mémoires d'un royaliste* ne soient pas tentés de dire que, dans leur ensemble, ces lettres pourraient bien n'avoir pas le caractère que leur donnent les passages insérés dans mes articles, devenus des chapitres, je les reproduis ici *in extenso*. On verra que si je n'ai pas tout de suite tout cité, c'était uniquement afin d'arriver plus vite au but.

## I

Page 215, chapitre x, j'ai donné quelques lignes d'une lettre écrite par M. de Falloux à Louis Veuillot, après leur première entrevue, en 1843. Voici toute cette lettre :

Angers.

CHER MONSIEUR,

S'il m'est permis de douter de votre souvenir personnel, il m'est interdit de douter de votre vigilance envers nos grands intérêts communs. Je vous envoie donc trois numéros du *Maine-et-Loire*, qui ont peut-être droit, à divers titres, à votre attention.

Vous verrez d'abord dans ma lettre la *supercherie* de M. le professeur *Trouessard* et l'acharnement *universitaire* à vouloir maintenir, *per fas et nefas*, ses déclamations sur la Saint-Barthélemy.

Vous aurez à juger ensuite s'il n'y aurait pas un petit cours théologique à faire faire à *MM. les membres du parquet d'Angers*. Je ne l'ai pas essayé dans ma réponse, parce que leur attaque a été une manœuvre politique, et que je devais me défendre sur ce terrain-là en vue de mes adversaires et de mes propres amis. S'il y a lieu à une réplique, j'irai plus avant. Toutefois les catholiques eux-mêmes ont tellement besoin qu'on les mette ou les maintienne dans la droite voie, que quelques lignes de vous avec l'élévation de vues et de style qui vous est propre, cher Monsieur, pourrait rendre grand service dans notre bonne ville. La force catholique y est riche et abondante, mais l'inertie est déplorable. Les AUTORITÉS sont prises ici dans toute l'acception et toute la puissance de ce mot. Chaque jour donc, il devient plus urgent d'enseigner à nos amis à faire respecter leurs convictions par ceux-là mêmes qui devraient l'exemple de ce respect dans l'intérêt seul des charges dont ils sont revêtus.

Tant que vous n'aurez pas fait passer ces vérités élémentaires dans le sang de nos catholiques, nous resterons à la merci de tous les outrages.

En tous cas, cher Monsieur, je vous envoie les pièces du débat pour les soumettre purement et simplement à votre appréciation. Tout usage que vous en ferez ou ne ferez pas, me paraîtra l'arrêt du juge le plus compétent. Croyez bien, cher Monsieur, à mes sentiments de bien sincère déférence, car ils ont leur source dans une profonde estime et dans une bien vive admiration.

ALFRED DE FALLOUX.

Les mots soulignés dans cette lettre et dans celles qui suivent l'ont été par M. de Falloux.

Page 216, même chapitre, j'ai cité une phrase de M. de Falloux, félicitant Louis Veuillot d'avoir conservé de fait la rédaction en chef de l'*Univers*, que

MM. Dupanloup, de Montalembert et le P. Lacordaire, aidés du P. de Ravignan et de M. Charles Lenormant, voulaient lui enlever. Voici en entier cette lettre :

Segré, 16 août 1845.

CHER MONSIEUR VEUILLOT,

Je vous remercie mille fois de la note si bienveillante qui précède, dans l'*Univers* de ce matin, la magnifique page du comte de Maistre ; il est bien vrai que je l'ai copiée moi-même, *il y a douze ans,* à Vienne, avec grande abondance de larmes et dans la première ferveur de mon culte pour M. de Maistre ; la comtesse Bathianny (dont le nom peut parfaitement être publié) croyait son manuscrit inédit, et me le prêta comme tel, à titre de bien spéciale faveur. Cependant, et depuis mon offrande à la *Revue de l'Armorique,* j'ai vu dans la *Revue des Deux Mondes* (article de Maistre par Sainte-Beuve) que cette notice avait été imprimée et que quelques exemplaires existaient encore en Savoie ; elle y est, en tout cas, tellement rare, qu'un an d'actives recherches, et par le canal de l'ambassade de Sardaigne, et par la famille de Costa, n'ont pu m'en procurer un seul exemplaire. J'aurais voulu comparer les deux versions. Peut-être M. de Maistre avait-il ajouté quelque chose; enfin, vous comprendrez le prix de cette recherche et vous partagerez mon regret de son inutilité. Il m'en reste la satisfaction d'avoir réellement restitué au jour ce qui n'aurait jamais dû être oublié. Néanmoins, *oublié* et *inédit* étant deux choses différentes, je dois à ma conscience de vous mettre à même de rectifier le fait comme vous le jugerez convenable.

Je vous félicite de l'adjonction de M. de Coux, cher Monsieur, et *me* félicite de votre présence probablement consolidée à *l'Univers*. Si je ne savais combien vos instants sont accablés, j'aurais été heureux de quelques détails sur cet *événement*, mais j'y éprouverais trop de remords, et au lieu de question, je me borne à vous adresser l'expression bien invariable de mon bien sincère et bien dévoué attachement.

ALFRED DE FALLOUX.

17.

Lettre du 8 avril 1848, citée en partie, pages 31 et
32, chapitre II :

8 avril.

CHER MONSIEUR VEUILLOT,

Vous n'avez pas le temps de lire et je n'ai pas
le temps d'écrire le récit détaillé de quinze
jours d'hésitation, de négociations avec toutes
les considérations à l'appui qui ont précédé
et déterminé la publicité de notre liste. Permettez-moi seulement de vous dire que nous
attendions de votre confiance en M. de Quatrebarbes et en moi le *préjugé* que nous avions fait
tout ce qui était *Maine-et-Loirement possible*;
que ce *possible* ne pouvait être discuté publiquement entre l'*Univers* et l'*Union*[1], et que ce
*possible* était cependant préférable au *certain*
que nous avons à cœur d'éviter, et que nous
n'éviterons pas si nous ne subissons pas quelques influences locales. Votre attaque ne peut
donc que jeter un peu de trouble dans des
rangs déjà fort peu sûrs de la victoire, *sans
aucun bénéfice pour rien*, hommes et principes, de ce que vous voulez servir et de ce
que nous ne voulons pas abandonner plus que

1. L'*Union de l'Ouest*.

vous. Elle nous oblige, en outre, à vous répondre et par conséquent à nous défendre en vous attaquant un peu aussi; car nous ne pouvons pas ou passer silencieusement condamnation, comme nous l'avions fait sur votre première semonce indirecte, soit discuter des noms propres, mettre en jeu des amours-propres, ou publier l'adhésion de l'évêque et les lettres confidentielles des curés sur les personnages et en faveur des personnages mêmes que vous croyez peut-être les plus éloignés de vous. Croyez bien que le 24 Février, qui a bouleversé tant de choses, a plus probablement ramené à la vérité et à la liberté M. Tissié ou M. Dutié, qu'il n'en a éloigné M. de Quatrebarbes ou moi-même.

Veuillez donc ne pas juger de trop loin et par conséquent trop injustement, cher Monsieur, les difficultés que nous déplorons comme vous, et que nous ne cherchons à combattre autrement que vous, que parce que nous sommes sur le terrain même de la lutte, et que nous en avons étudié les plis avec un immense désir d'en tirer le plus de ressources possible.

Votre bien dévoué de cœur,

A. DE FALLOUX.

Les faussetés abondent dans cette lettre :

1° L'accord n'était pas aussi complet que le disait M. de Falloux entre lui et le comte Théodore de Quatrebarbes ;

2° Il affirmait avoir l'*adhésion* de l'évêque, et il en aváit, au contraire, essuyé un refus ;

3° Il donnait à entendre que d'anciens libéraux libres penseurs avaient pris des engagements qui leur mériteraient la confiance des catholiques, et il n'en était rien.

## II

Dans sa lettre du 8 avril 1848, à Louis Veuillot, M. de Falloux parle de manière à faire croire que le comte Théodore de Quatrebarbes et lui avaient alors, au sujet de la République et de la campagne électorale, une attitude identique. C'était faux. M. de Quatrebarbes acceptait momentanément le fait accompli, mais restait ouvertement royaliste et affirmait ses principes religieux. M. de Falloux, au contraire, se déclarait républicain et mettait en poche le drapeau catholique.

Cette différence fut très marquée d'abord dans la réunion électorale où tous deux posèrent leur candidature, ensuite dans l'appel aux électeurs que publia leur comité, et dont chacun d'eux avait rédigé ou revu la partie qui le concernait.

La note suivante, que je tiens de bonne source et sous la garantie de deux auditeurs, dit quel effet produisit, sur les royalistes et les républicains clairvoyants, le discours que prononça M. de Falloux à la réunion électorale.

... J'ai suivi Falloux de très près en Anjou depuis 1848 et entendu son discours au Palais des Marchands, après le magnifique exposé de Théodore de Quatrebarbes en faveur de la monarchie, exposé dont Falloux, dans ses Mémoires, rend un compte des plus obscurs et des plus *mensongers*. Quatrebarbes fut vivement applaudi, et les républicains eux-mêmes étaient charmés de la franchise de son langage. Falloux parla le second, afin de *corriger*, disait-il, *le royalisme trop apparent* contenu dans ce discours, et le dernier passage de sa harangue fut celui-ci : *Si jamais le Roi revenait, il ne serait que le président de la République.*

Derrière moi se trouvait Bordillon ( préfet de la République) qui dit à haute voix : « Au moins M. de Quatrebarbes parle avec franchise et ses convictions méritent l'estime ; quant à l'autre, c'est un saltimbanque. »

M. de Falloux, auquel on rapporta certainement que Bordillon, après l'avoir entendu au Palais des Marchands, l'avait traité de « saltimbanque », dut en outre, une fois ministre, connaître le rapport où ce préfet, homme d'esprit, mais d'allures peu civilisées, faisait de lui le portrait que j'ai donné dans mon introduction. On n'en peut guère douter quand on a lu, dans les *Mémoires d'un royaliste*, les lignes où il se venge du citoyen-préfet Bordillon.

Voici maintenant les notices par lesquelles le comité qui portait M. de Quatrebarbes et M. de Falloux les recommanda aux électeurs :

## M. DE QUATREBARBES

On a dit que M. de Quatrebarbes avait des idées religieuses peu en harmonie avec les besoins et les idées de l'époque ; citons ses paroles à la Chambre : « Toutes les fois qu'un besoin social se manifeste, le Christianisme ne demande que la liberté pour y pourvoir. »

Le Christianisme est le flambeau de l'humanité ; le Christ est le seul émancipateur des peuples ; progrès, avenir des nations, toutes ces choses, pour s'accomplir, doivent tirer leur force de l'idée chrétienne : tel est le sens de ces mots si vrais et si profonds.

Il croit, et nous croyons avec lui, que si notre République repoussait le Christianisme, elle s'écroulerait infailliblement, faute de bases pour la soutenir.

Si ce sont là des idées étroites et mesquines, qu'on nous le dise, ou plutôt qu'on nous le prouve.

On a dit encore que M. de Quatrebarbes jetait un regard de regret sur les hommes et les choses d'autrefois; et pourtant on lui a entendu dire : « Je n'aurai jamais qu'un drapeau, celui de la France! »

Nobles et simples paroles qui valent mieux que des phrases et des protestations. Il l'a promis et il tiendra sa promesse. Nous souhaitons à la République, pour sa prospérité et pour son avenir, bon nombre de citoyens aussi francs, aussi braves, aussi généreux que M. de Quatrebarbes. On ne le verra jamais reculer, on ne le verra jamais pâlir, en face même des plus grands périls, quand il s'agira de faire respecter la religion, la liberté, quand il faudra défendre les droits de la France contre les ennemis du dedans ou contre les ennemis du dehors.

(Suivaient quelques lignes sur les choses locales.)

## M. DE FALLOUX

Parler de sa haute intelligence, de son aptitude à comprendre et à juger les questions les plus sérieuses de la politique et de l'économie sociale, c'est dire ce que chacun sait aussi bien que nous.

Il s'est fait entendre devant une foule composée des éléments les plus divers, et tous ceux de nos concitoyens présents à cette réunion mémorable se rappellent les applaudissements chaleureux, unanimes, dont fut couverte la voix du jeune et éloquent orateur.

Quelles furent ses préoccupations durant son court passage à notre dernière Chambre des députés? Les unes avaient pour objet des améliorations, et les autres des réformes.

Telles ont été les questions des chemins vicinaux et celle de la réforme postale.

Réforme urgente, car cet impôt est un des plus lourds parmi tant d'autres qui écrasent le peuple.

Mais les intérêts matériels n'ont pas seuls réclamé sa sollicitude, et l'on doit se souvenir qu'il a protesté hautement au nom de l'honneur de la France, contre le criminel partage de la Pologne, partage qui imprime sur ses auteurs une immortelle honte.

C'est un républicain du lendemain, nous en convenons; mais qu'on ne s'y trompe pas, des républicains du lendemain comme lui n'ont pas besoin, pour s'élever au niveau des idées grandes, nobles et généreuses, de s'être mis en route dès la veille.

C'était tout.

### III

Tome Ier, p. 433, des *Mémoires d'un royaliste*, M. de Falloux donne quelques passages d'une lettre de Louis Veuillot, en date du 2 août 1849, adressée à Mgr Rendu, évêque d'Annecy. Cette lettre, dont des extraits plus longs avaient déjà paru dans un ouvrage de M. Anatole Leroy-Beaulieu, en l'honneur des catholiques libéraux, « marque bien, dit M. de Falloux, l'origine des hostilités du directeur de l'*Univers* contre la loi de 1850 et contre ses auteurs ». Elle marque surtout, à notre avis, que dès lors Louis Veuillot voyait clair dans le jeu de M. de Falloux. Nous l'avons déjà reproduite, d'après M. Leroy-Beaulieu, dans le cinquième volume de la *Correspondance*. Puisque M. de Falloux a cru y trouver des armes, nous la donnons encore ici, avec la note que nous avons jugé bon d'y joindre lors de sa première publication

*Fragment d'une lettre inédite de Louis Veuillot
à M^gr Rendu, évêque d'Annecy*[1].

2 août 1849.

..... Vous savez dans quels combats nous sommes, et vous en êtes inquiet. Je puis vous dire que mes chagrins domestiques m'ont été à peine plus sensibles que ceux que j'ai ressentis en voyant la fausse voie où nos amis s'engagent. Je súis désolé surtout de l'attitude de M. de Montalembert. M. de Falloux m'a moins surpris : je n'ai jamais compté sur lui. Quoique chrétien plein de ferveur, il n'a jamais été précisément un des nôtres, ce que nous appelons *un catholique avant tout*. Il l'a cru, et beaucoup d'autres comme lui ; il le croit encore peut-

1. Cette lettre a été publiée telle que je la donne, par M. Anatole Leroy-Beaulieu, en appendice d'études insérées d'abord dans la *Revue des Deux Mondes* (1885) et reproduites en volume sous ce titre : *les Catholiques libéraux, l'Église et le Libéralisme de* 1830 *à nos jours*. Naturellement, M. A. Leroy-Beaulieu, sorte de libre penseur spiritualiste, désireux de respecter la religion, mais très convaincu qu'il peut enseigner l'Église, est très favorable aux catholiques libéraux. Il a publié cette lettre dans l'idée qu'elle ferait tort à Louis Veuillot. On trouvera généralement, au contraire, qu'elle lui fait honneur. (*Correspondance de Louis Veuillot*, t. V, p. 19.)

être. Moi, je ne m'y suis point trompé, et j'étais si fixé sur ce point, avant le 10 décembre 1848, que j'ai beaucoup insisté dans un conseil qu'il a tenu entre nous, pour qu'il n'entrât point au ministère. Ma vraie raison, que je n'ai point osé dire, était qu'il laisserait nos idées à la porte. Il n'y a point manqué. C'est essentiellement un homme d'accommodement, de transactions et d'affaires, avec beaucoup plus d'ambition qu'il ne suppose en avoir. M. Dupanloup de même. Ce n'est pas M. de Falloux, comme on le pense, qui a rétabli le Pape; c'est le Président, qui a mis dans toute cette affaire une volonté inflexible et beaucoup de cœur. Je le tiens d'une source sûre, du Nonce lui-même [1].

Je ne comptais donc pas sur M. de Falloux, mais je comptais sur Montalembert. Il a cédé à deux influences anciennes et qui lui ont toujours été fatales : celle de M. Dupanloup et surtout celle de Thiers. Votre Grandeur ne saurait croire les discussions qu'il a fallu soutenir, les combats qu'il a fallu livrer, la volonté

1. M<sup>gr</sup> Fornari, mort cardinal. C'est à lui que Pie IX donna la présidence de la commission chargée de préparer le *Syllabus*.

et l'entêtement dont j'ai eu besoin, pour ne pas traiter M. Thiers ( qui a gardé tous ses vieux et mauvais sentiments ) comme l'espérance de la religion. Et cela pourquoi? Parce que M. Thiers voudrait aujourd'hui fortifier le parti des révolutionnaires contents et repus, dont il est le chef, d'un corps de gendarmes en soutane, à cause de l'insuffisance manifeste des autres. Se repentant uniquement d'avoir cru trop tôt l'Église inutile, M. Thiers voudrait aujourd'hui l'employer, mais à sa guise. M. de Montalembert ne veut pas voir cela, et il faut avouer que sur une foule de points il semble n'être plus du tout le même homme que nous avons connu. C'est à peine s'il espère pour la société quelques années de vie, et il ne les espère que de la force. Je ne dis pas que mes espérances vont beaucoup plus loin; mais je dis que jusqu'au dernier jour, jusqu'à la dernière heure, il faut proclamer la vérité de nos principes et ne point les asservir, ni nous avec eux, à la folie et à l'impiété de ces politiques qui ne comprennent la religion que comme un mensonge heureux.

Le grand mal de la loi Falloux, c'est qu'elle

est un manque de foi. Elle proclame que nous-mêmes ne croyons plus à ce que nous avons tant demandé. Or, comme j'y crois encore pour ma part, comme je crois que le salut est dans la liberté de l'Église et n'est que là, je m'en tiens à nos vieilles doctrines, et je n'entre point dans un accommodement qui les outrage. J'aime mieux un argument qu'une position.

Si j'avais le bonheur de vous voir, Monseigneur, je vous dirais et je vous expliquerais beaucoup de choses qui ne peuvent tenir dans une lettre ; malheureusement, je suis obligé de passer à la course et d'arriver au résultat qui a été celui-ci : qu'il fallait diviser au plus vite le parti catholique pour en sauver quelque chose et éviter qu'il ne tombât tout entier, sur la question religieuse, dans les bras de l'Université ; sur la question politique, dans le sein du conservatorisme bourgeois représenté par M. Thiers. Telle était la situation, telle du moins je l'ai vue ; et comme je n'ai en tout ceci aucun intérêt personnel d'aucun genre, comme j'ai depuis longtemps fait toute espèce de sacrifice de position, d'agrandissement de fortune ; comme je ne tiens à rien augmenter de ce que je possède, et même à rien en conserver, je crois voir juste.

Je vous demande le secret, Monseigneur, sur toutes ces confidences. Je crois qu'en somme, après cette bagarre, le parti catholique restera, et même que Montalembert en restera le chef, averti seulement, et cela est nécessaire, que son autorité n'est point absolue. Mais, dût-on le perdre, ce serait un moins grand malheur encore que de tout perdre, et le drapeau, et l'armée, et les principes.

Agréez, Monseigneur, etc.

L'original de cette lettre est aux mains d'un membre du clergé paroissial de Paris. (Note de M. Anatole Leroy-Beaulieu.)

## IV

La lettre suivante, datée du 6 novembre 1850, a paru dans le cinquième volume de la *Correspondance de Louis Veuillot*. Nous la donnons ici parce qu'elle montre quel langage, un an avant le coup d'État, tenait Louis Veuillot, sur les divisions du parti conservateur, et combien M. de Falloux s'est écarté de la vérité en prétendant ou insinuant que le rédacteur en chef de l'*Univers* avait hésité alors sur la voie à suivre.

*Lettre à M. Prosper Dugas.*

Paris, 6 novembre 1850.

MONSIEUR ET CHER CONFRÈRE [1],

Vous avez fort bien compris le sens de l'article du 1er novembre [2]. Les légitimistes doivent prendre garde au général Changarnier, non que ce personnage important ait publiquement donné des gages à personne, mais parce que les légitimistes n'en ont pas plus, ou même en ont moins encore que les orléanistes. La main de M. Thiers était dans toutes les intrigues de ces derniers jours, et vous avez pu remarquer que l'*Ordre*, journal de l'orléanisme brutal, était le principal confident du général. Personne au fond ne sait ce que M. Changarnier veut

1. M. P. Dugas n'était pas précisément un confrère, mais il s'occupait beaucoup alors de la *Gazette de Lyon*, feuille catholique et royaliste, et c'est à ce titre qu'il avait écrit à Louis Veuillot.

2. A cette date, il y avait déjà conspiration de Louis-Napoléon contre la Chambre et conspiration des monarchistes libéraux contre Louis-Napoléon. Le général Changarnier était le chef et surtout l'espoir de ceux-ci. L'*Univers*, d'accord avec le comte de Montalembert, se défiait du général et de ses amis.

faire, j'incline à penser que lui-même l'ignore ; mais qu'importe aux légitimistes ? Ils doivent comprendre qu'au moment suprême l'orléanisme sera là et qu'ils n'y seront point. Mieux vaut cent fois la prorogation que la régence ; mieux vaudrait même l'empire. Bonaparte hésiterait à rompre avec les légitimistes, et surtout avec l'Église ; il n'aurait pas de motifs pour le faire ; l'orléanisme, protestant et boutiquier, a déjà rompu.

Je vois bien que le parti légitimiste n'a pas de direction, et je crains même qu'il n'en veuille pas subir. Cette anarchie laisse aux catholiques leur liberté. Qu'ils conservent sans mélange leurs principes, et qu'ils ne demandent pas à l'intrigue le succès de la vérité et de la probité. C'est, je crois, la marche la plus habile et la plus utile. En ce temps, plus que jamais, il faut ne point mentir, montrer de la foi et laisser le reste à Dieu. C'est ce que je conseillerais, si j'étais du parti ; mais plus que jamais je suis résolu à n'être politique qu'en théorie, et à n'être en pratique que chrétien.

## V

Page 222, j'ai donné quelques lignes d'une lettre sans date, mais dont le contexte établit qu'elle fut écrite en février 1851. Cette lettre, qui annule diverses assertions des *Mémoires d'un royaliste*, fut adressée par M. de Falloux à Louis Veuillot, au sujet d'un article de l'*Univers* (3 février 1851), sur un écrit que l'ancien ministre de Louis-Napoléon avait publié dans la *Revue des Deux Mondes* du 1ᵉʳ février 1851 et qu'il n'a pas reproduit dans ses *Discours et Mélanges politiques*, le trouvant trop favorable à Louis-Napoléon, dont visiblement il espérait redevenir ministre.

Cet article, composé surtout d'extraits du travail fort habile et semi-napoléonien de M. de Falloux, donnait à celui-ci de très larges éloges, et l'on va voir qu'il en fut très content.

CHER MONSIEUR VEUILLOT,

Vous savez que je n'ai jamais cessé de vous aimer très fidèlement, et il m'est très doux de reprendre, en sus, l'habitude de vous remercier. J'avais fort regretté de ne vous avoir pas pu voir à mon très court et très triste passage à Paris au mois de novembre (1850). Des amis vous l'ont dit : vous m'avez obligé à vous le

18

répéter ce matin dans l'*Univers* d'une façon à laquelle je ne cherche nullement à échapper.

Votre prote a été plus véridique que votre intention, en imprimant que j'avais laissé échapper une *exactitude* relativement à M. Roux-Lavergne, mais ce n'est pas cela que je tiens à vous démontrer. J'ai plutôt fort à cœur de l'assurer, par votre entremise, que je n'avais pas la moindre pensée de le contrister. Je n'ai pas articulé le *comme* que vous me prêtez, et à la Constituante [1] M. Roux-Lavergne me parlait comme un ami *actuel* de M. Buchez. Le vote en a aussi plus d'une fois justifié ; mais peu importe. Veuillez dire à M. Roux-Lavergne qu'entre tous les souvenirs qu'il m'a laissés, je n'ai voulu

1. M. de Falloux avait donné à entendre, mais sans *l'articuler*, que M. Roux-Lavergne avait été élu représentant du peuple dans Ille-et-Vilaine sur la demande de l'évêque et *comme* disciple et collaborateur de Buchez, fondateur d'une école catholique et révolutionnaire, qui prétendait mettre d'accord la révolution radicale et l'Église. Voici le texte de M. de Falloux : « Dans Ille-et-Vilaine l'évêque de Rennes avait désigné de son plein gré le nom de M. Roux-Lavergne, ami et collaborateur de M. Buchez. » L'article de l'*Univers* rappelait que M. Roux-Lavergne avait été au contraire élu comme catholique avant tout et, à ce titre, candidat de l'évêque de Rennes, M<sup>gr</sup> Brossais Saint-Marc.

faire parler et je ne lui offre en ce moment que ceux de la plus sincère et amicale sympathie. J'espère bien qu'il n'en aura jamais douté.

Un mal aux yeux, qui s'ajoute à mes autres misères, me condamne à abréger mille choses que j'eusse aimé à vous dire plus amplement. J'ai voulu, du moins, cher Monsieur, mettre hors de doute ma vieille et très affectueuse gratitude, ma très habituelle admiration et mes sentiments en toute occasion bien dévoués à vous et aux vôtres.

A. DE FALLOUX.

Une autre lettre de M. de Falloux, ayant été donnée à peu près en entier dans le corps du volume, je juge inutile de la reproduire ici.

VI

En parlant de l'attitude ondoyante de M. de Falloux, au moment du coup d'État, nous avons cité quelques lignes d'une lettre que lui avait adressée, en décembre 1851, M. de Montalembert, et où celui-ci reprochait, en termes plus ou moins voilés, à son « cher ami » de n'avoir pas agi très loyalement. Cette lettre, dont les éditeurs des *Mémoires d'un royaliste* ont certainement l'original, a été publiée en entier par la *Revue du Monde catholique*, sans soulever de leur part aucune observation. Nous la reproduisons ici, d'abord parce qu'elle confirme ce que nous avons dit, ensuite parce qu'elle a un véritable intérêt politique et moral. Elle montre en outre que si des passions et des colères communes ont pu mettre d'accord MM. de Montalembert et de Falloux, ils n'étaient pas, au fond, faits pour s'entendre.

Paris, 20 décembre 1851.

MON CHER AMI,

Voici enfin votre lettre insérée, non seulement dans *le Constitutionnel*, mais dans une foule d'autres journaux. M. de Rességuier a dû vous informer, dès hier, de ce que j'ai fait pour arriver à ce résultat, et le consentement qu'ont donné M. de Morny et le Président. Il vous a aussi peut-être envoyé copie de la lettre que j'ai écrite hier au *Constitutionnel* pour insister sur la publication intégrale de votre lettre, que j'ai trouvée, du reste, parfaitement digne et convenable. Voilà donc une affaire finie ; mais il me reste à vous dire quelques mots de plus en réponse à la lettre virulente (pour me servir de votre expression) dont vous m'avez gratifié avant-hier. Vous savez maintenant que je n'ai été pour rien dans la publicité donnée par les journaux à vos paroles ; mais cette publicité devait naturellement résulter de la communication que j'en avais faite à tous mes collègues réunis aux Pyramides, d'après votre invitation *formelle et spontanée* que vous ne nierez pas, j'en suis sûr. Je vous avoue, d'ailleurs, que quand même vous ne m'y eussiez pas engagé, je ne sais si je ne me serais pas autorisé à répéter vos paroles, si sages et si patriotiques, pour rassurer et rasséréner les esprits, effarouchés comme ils l'étaient le jeudi soir par la fusillade du boulevard, et en même temps pour éclairer le gouvernement et l'empêcher de prendre pour des ennemis ceux qui comptaient rester indulgents ou neutres.

Le plus simple eût été, permettez-moi de le dire, mon cher ami, d'avouer que vous aviez changé d'avis et d'impression. Vous en aviez bien le droit ; mais vos amis n'ont pas celui de m'accuser d'avoir travesti vos paroles et trahi votre confiance. M. de Rességuier (dont j'ai été, comme toujours, très content) affirme que vous n'avez changé que de contradicteurs ; qu'ici, vous prêchiez l'abstention à des gens qui voulaient voter *contre*, et que là-bas vous la recommandiez à des gens qui voulaient voter

18.

*pour*. Quant à moi, je ne puis reconnaître le même homme dans celui qui me disait, le 4 et le 7 décembre, *que ni lui ni son parti ne reprendraient, vis-à-vis du pouvoir actuel, l'attitude hostile qu'ils avaient eu pendant les dix-huit ans de la monarchie orléaniste*, et celui qui déplore, dans sa lettre du 16, la perte de toute *liberté*, de toute *vérité* et de toute *moralité!* En réponse à cette dernière assertion, vous me laisserez bien vous demander où en étaient la liberté, la vérité et la moralité le 25 février 1848, au lendemain d'une révolution qui vous avait chassé de votre siège législatif, tout comme le coup d'État du 2 décembre, et à laquelle vous avez adhéré avec encore plus d'empressement et de sympathie que je n'en ai témoigné jusqu'à présent à Louis-Napoléon.

Maintenant, il n'est que trop clair que, vous et vos amis, vous allez reprendre précisément l'attitude que vous avez eu de 1830 à 1848. A ce sujet, je ne me permettrai qu'une seule réflexion. Comment ferez-vous, pour rester, en reprenant cette attitude, un parti monarchique et religieux? D'un bout du monde à l'autre, de

Dublin à Turin, de Cologne à Rome, tout ce qui est conservateur et catholique a jeté un cri de joie et de délivrance en apprenant l'acte du 2 décembre. Vous avez contre vous, *quant à présent*, l'Église, l'Europe et la France. C'est quelque chose. En revanche, vous aurez la sympathie de MM. Thiers, Dufaure et Charras. Ils prendront leur revanche un jour, je n'en doute pas; mais ce ne sera pas à votre profit ni même au leur. Ils vous aideront à préparer un nouveau 24 Février, où vous jouerez le rôle de M. Barrot.

Réfléchissez à tout cela et, quoi qu'il en soit, restons *amis*, comme nous l'avons été avant d'avoir été d'accord, et depuis que nous ne le sommes plus.

CH. DE MONTALEMBERT.

La plupart des écrivains qui ont raconté au long le coup d'État du 2 décembre 1851 ont parlé des ouvertures que M. de Falloux, s'y prenant un peu tard, aurait fait faire, la veille, à Louis-Napoléon. Voici le récit de M. Granier de Cassagnac :

« M. de Falloux croyait à l'éventualité prochaine d'un coup d'État comme à sa nécessité et à sa réussite. Seulement il supposait qu'il était nécessaire d'en donner à l'Assemblée le patronage, l'initiative et la direction. Il fit dire au Prince, le 1<sup>er</sup> décembre au soir, que s'il voulait tenter un coup d'Etat avec la majorité, il s'offrait, lui, à monter à la tribune pour porter les premiers coups, et pour faire un appel à ses amis politiques. Aussi logique et aussi pratique que résolu, M. de Falloux ajoutait qu'il suivrait le Prince jusqu'au bout, même jusqu'à l'emploi de la force, si la Montagne poussait la résistance jusqu'à une lutte ouverte. Comme compensation de cette offre de concours, M. de Falloux demandait la composition d'un ministère formé de tous les hommes éminents de la majorité, lesquels prendraient, avant d'entrer aux affaires, l'engagement de prolonger les pouvoirs du président de la République.

« Ainsi que le Prince l'avait fait observer à M. Boinvilliers, il était bien tard pour de telles combinaisons, et les drapeaux qu'on lui offrait étaient un peu déteints. L'ouverture de M. de Falloux, si bienveillante qu'elle fût, ne pouvait pas devenir à cette heure l'objet d'un bien long examen ; et la meilleure comme la plus fine réponse qu'elle comportât était celle qui fut faite à l'intermédiaire officieux, M. de Heekerren : « Je suis enchanté de la bonne nouvelle que « vous m'apportez, lui dit le Prince, mais je suis « bien occupé en ce moment ; venez me voir de-« main matin à dix heures, nous en causerons. » Le lendemain matin, à dix heures, M. de Heekerren était à l'Élysée, non pour discuter la proposition de M. de Falloux, mais pour remercier le Prince d'avoir sauvé la France. »

*(Histoire de la chute de Louis-Philippe, de la République, et du rétablissement de l'Empire*, t. II, p. 388-389.)

## VII

Page 392 du second volume des *Mémoires d'un royaliste*, le comte de Falloux, parlant de quelques pages que Louis Veuillot rédigea après un voyage en Bretagne (septembre 1854) et qu'il communiqua à notre ami et collaborateur le comte de la Tour, député des Côtes-du-Nord, dit :

Quand M Veuillot voyageait dans l'Ouest, il s'efforçait de convertir à l'Empire le clergé légitimiste de ces contrées et rédigeait ensuite des notes qu'il faisait remettre à l'empereur par

M. de la Tour, et qu'on retrouvait dans le
cabinet impérial, au sac des Tuileries, en 1870.

Voici l'histoire de cette note telle qu'elle a été rapportée du vivant de M. de Falloux, dans une lettre de Louis Veuillot que M. de Falloux a lue (t. IV de la *Correspondance*, p. 426) :

Je ne sais pas, cher ami, si vous avez bien fait d'envoyer ma note à l'empereur : quoique je l'eusse faite pour tout le monde, je ne l'ai pas cependant faite pour lui ; et, à cause de cela même, si je me la rappelle bien, elle semblait trop lui être destinée. Je crains d'avoir l'air de vouloir l'occuper de moi et de paraître jouer à la vertu, ce qui est la pire de toutes les attitudes. Vous l'avez bien averti que je ne cherche rien, que je ne veux rien ; mais le croira-t-on ? Il doit être en éveil sur toutes les manières de lui demander quelque chose, et celle-là est usitée comme les autres. Enfin, si vous m'aviez demandé conseil, je vous aurais dit non. Cela est fait : n'en parlons plus. Seulement, pour l'avenir, à cause de votre naïve droiture et de votre zèle pour ceux que vous aimez, dites-vous bien que la modestie et le détachement que nous professons sont invraisemblables, et que l'homme de qui l'on dit souvent : *il ne demande rien*, risque de passer pour avoir supplié ses amis de le dire.

Après cela, je conviens que la réponse que vous avez reçue est flatteuse, et qu'elle marque des dispositions consolantes et une heureuse intelligence de notre situation.

Dans son commentaire de la note, M. de Falloux montre Louis Veuillot *s'efforçant de convertir à l'Empire le clergé légitimiste de ces contrées*. Non. Louis Veuillot, répétant ce qu'il écrivait chaque jour dans l'*Univers*, montrait que jusqu'à cette date, — septembre 1854, — les catholiques avaient à se louer de l'empereur. Quant aux prêtres qu'il avait vus, il ne s'était pas mis en grands frais d'efforts pour les convertir. Voici ce qu'il en disait :

J'ai acquis la certitude que *si l'on peut attribuer une opinion politique* au clergé des Côtes-du-Nord, — je peux en dire *à peu près* autant de celui du Morbihan, — il est napoléonien. Le clergé sort tout entier du peuple. Par cette origine il appartient déjà au pouvoir nouveau. La ruine des idées gallicanes l'a laissé tout à fait libre d'un autre côté.

Qui peut nier qu'à cette date de septembre 1854, cela ne fût vrai ?

# VIII

J'ai cité, page 212, quelques lignes d'une lettre de M<sup>gr</sup> Pie à M<sup>gr</sup> Debelay, archevêque d'Avignon, où l'illustre évêque de Poitiers accuse M. de Falloux de l'avoir attaqué en usant de falsification et de mensonge. Je voulais donner ici tout le texte de cette lettre ; je ne le fais pas parce qu'il s'y trouve, sur un membre de l'épiscopat d'alors (1856), de sévères paroles que ce n'est pas le lieu de reproduire ; mais je citerai en entier deux lettres postérieures, l'une de M. de Falloux, l'autre de M<sup>gr</sup> Pie, où il est question de cet incident. On y voit bien le genre d'esprit et le caractère des deux interlocuteurs, et le rapprochement ne profite pas à M. de Falloux, bien qu'il y ait deux ou trois mots trop complaisants, par excès de courtoisie, dans la lettre de M<sup>gr</sup> de Poitiers.

C'était en octobre 1859. M<sup>gr</sup> l'évêque de Poitiers venait de publier une lettre pastorale où il condamnait l'attitude du gouvernement impérial, au sujet de Rome. M. de Falloux prit texte de cette déclaration pour renouer avec l'éminent prélat, et lui adressa la lettre suivante :

MONSEIGNEUR,

Je lis à l'instant même votre lettre pastorale dans l'*Univers*, et je ne puis résister au désir de vous en exprimer ma part bien profonde et bien vive de reconnaissance personnelle. Vous ne pouvez douter de ma franchise, peut-être même avez-vous cru avoir le droit de vous en plaindre; vous daignerez donc agréer un hommage qui a pour mérite de vous donner la certitude du genre d'impression produite par votre parole.

Entre toutes les douleurs qui pèsent sur nous tous en commun depuis plusieurs mois, Monseigneur, la plus poignante peut-être était de voir tant de violences, tant d'iniquités accomplir leur œuvre avec l'apparente approbation, ou grâce à l'inexplicable aveuglement d'une grande partie de l'Episcopat français.

Votre admirable langage, Monseigneur, relevé encore par votre précédent silence, console l'âme et ranime le courage.

A ce titre, permettez-moi donc de croire que tout fidèle vous doit son remerciement, et que vous voudrez bien agréer le mien avec l'hommage de tous les sentiments de profond respect que vous a voués, de Votre Grandeur, le très humble serviteur,

A. DE FALLOUX.

Veuillez me pardonner l'écriture étrangère, mes yeux sont absolument hors de service.

Angers, 1er octobre 1859.

Le lecteur aura remarqué dans cette lettre trois points trop hardis :

1° M. de Falloux, s'adressant à l'évêque qui l'a accusé de fausseté, parle avec assurance de sa franchise ;

2° Il fait de haut la leçon à l'épiscopat ;

3° Il insinue que M<sup>gr</sup> Pie lui-même a été bien lent à parler, c'est-à-dire à faire son devoir.

Voici la réponse de l'évêque :

Poitiers, le 2 octobre 1859.

MONSIEUR LE COMTE,

Je veux vous remercier sans délai de la lettre que vous m'avez fait l'honneur de m'écrire hier. Je suis heureux que malgré la douloureuse infirmité de vos yeux, vous ayez pu prendre connaissance des lignes que je viens d'adresser à mon clergé.

La gravité de la situation actuelle remonte aux sessions du Congrès de mars et avril 1856. Dès cette époque, dans un entretien prolongé avec l'Empereur, puis dans une longue instruction synodale publiée peu après, je me suis efforcé de combattre les principes du Protocole. Enfin, la théorie de 1856 étant sur le point d'aboutir à ses conséquences pratiques, j'ai rempli de mon moins mal mon devoir d'Evêque dans une audience d'une heure que j'ai eue de l'Empereur, au mois de mars dernier. A mon retour, cet important entretien a été, dans une Congrégation synodale des principaux membres de mon clergé, la matière d'une relation détaillée qui reste dans les archives de notre église et qui sera publiée en son temps. Enfin, je n'ai pas cessé de parler et d'agir du côté de Rome. Je crois donc pouvoir me rendre le témoignage que j'ai fait tout ce qui était en mon faible pouvoir de faire.

Hélas, Monsieur le comte, l'aveuglement que vous déplorez est très affligeant, mais il n'est pas le seul, ni même le plus alarmant. A part quelques incorrigibles, il touche à son terme pour tous les autres. Il sera pénible sans doute qu'on puisse reprocher à un corps aussi grave d'avoir eu à faire un mouvement si marqué de recul ; mais pourtant, sous peine d'excéder, il ne faut pas oublier que dix ou douze membres au moins ont été irréprochables ; qu'il y en a trente autres très grâciables. Et enfin, ce n'est pas moi qui vous apprendrai que, dans aucun siècle, la promptitude et la justesse de vues, non plus que la fermeté de caractère et de conduite vis-à-vis du pouvoir temporel n'ont été le partage du grand nombre. Eu égard à la fragilité humaine et à l'expérience de l'histoire, l'essentiel est que la complaisance n'aille pas jusqu'au sacrifice de la doctrine.

C'est sous ce dernier rapport que je m'afflige et je m'effraye d'un danger et d'un mal qui croissent tous les jours. A la faveur d'axiomes tout à fait nouveaux qui font consister le savoir-vivre et le savoir-faire dans l'amoindrissement et l'abandon de la vérité divine, une certaine élite de laïques et de prêtres encouragés par l'attitude des grands corps littéraires et appuyés du patronage de quelques individualités respectables, mais trop peu pourvues du véritable sens ecclésiastique, nous préparent pour un avenir prochain des devoirs infiniment douloureux à remplir. La défaillance doctrinale en ce qui est de la question romaine a trouvé, comme toutes les autres défections, de bien malheureuses connivences de ce côté.

Il faut que je sois bien pénétré de ce que je dis en ce moment, Monsieur le comte, et que je considère le mal comme bien profond et bien sérieux, puisque je m'aventure de nouveau à vous exprimer des pensées aussi contraires à celles que vous avez exposées déjà à un premier épanchement de ce genre. J'avais une inclination toute naturelle et des motifs puissants pour me ranger à votre avis, plutôt qu'à celui de qui que ce soit. Il a donc fallu, croyez-le bien, une lumière très directe de ma conscience et une véritable évidence des choses pour me faire persévérer dans ma voie.

Soyez assuré, Monsieur le comte, que je m'honorerai toujours des communications que vous voudrez bien me faire et que j'accueillerai avec reconnaissance toutes vos observations et vos pensées. Votre disposition d'esprit vous tromperait, si vous pensiez que j'ai jamais cru avoir lieu de me plaindre de votre franchise ; ce n'est pas là précisément l'impression qui m'était restée du pénible entretien de la rue de Rivoli et des incidents qui s'attachent aux papiers que vous y aviez apportés [1].

Mais ce sont là des choses déjà vieilles, qui prouvent le besoin que nous avons tous de sup-

---

1. C'est dans cette entretien que M. de Falloux avait attribué à l'évêque et à un de ses diocésains des propos de son invention.

port et d'indulgence réciproques, et qui, pour ma part, ne laissent subsister, ni dans mon esprit, ni dans mon cœur, l'ombre d'un obstacle à la respectueuse considération, à la profonde estime et à l'affectueuse gratitude dont j'éprouve le besoin de demeurer toujours pénétré pour un homme tel que vous.

C'est avec tous ces sentiments réunis que j'aime à me dire, Monsieur le comte, votre très humble et très obéissant serviteur,

† L. Ed.,
évêque de Poitiers.

Que ce passage où M<sup>gr</sup> Pie reprend M. de Falloux de se dire trop franc est donc joli! « Votre disposition d esprit vous tromperait si vous pensiez que j'ai jamais cru avoir lieu de me plaindre de *votre franchise ; ce n'est pas précisément l'impression qui m'était restée* du pénible entretien de la rue de Rivoli et des incidents qui s'attachent aux papiers que vous y aviez apportés ».

M. de Falloux se reconnut touché et voulut se défendre : « Vous semblez, Monseigneur, dit-il dans sa réponse, me reprocher directement un manque de sincérité ; permettez-moi de vous dire que l'incident (de la rue de Rivoli) ne vous est pas connu dans ses circonstances essentielles... », etc., etc. L'évêque répliqua : « Si vous le permettez, Monsieur le comte, il ne sera plus question entre vous et moi, ni avec aucun tiers, d'aucune controverse privée ; les explications réciproques sont désormais superflues. »

M. de Falloux se le tint pour dit, mais il a pris sa revanche dans ses *Mémoires*.


## IX


A propos du rôle de M. de Falloux comme royaliste parlementaire et adversaire, ou plutôt ennemi du Roi, j'ai montré (chap. IX, p. 183 et suiv.) : d'abord que les *Mémoires d'un royaliste* sont incomplets et faux dans ce qu'ils disent des négociations de 1871, au sujet de « la fusion » ; ensuite, que M. de Falloux eut alors recours au mensonge pour donner tort au comte de Chambord contre les princes d'Orléans. Une lettre de M. le vicomte de Maquillé, président à cette époque du comité royaliste de l'Anjon, et les déclarations concordantes de tous les membres survivants du comité, ont mis ce fait en pleine lumière. Ces pièces, qui constituent une page de l'histoire politique de ce temps, ont été reproduites et discutées dans les numéros de l'*Univers* du 29 janvier au 11 février 1888. J'en donne ici de larges extraits.

M. de Maquillé rappelle quelle était la situation du parti royaliste en Anjou, en 1871, et ajoute :


Couverte du manteau royaliste, l'*Union de l'Ouest* propageait les doctrines de son inspirateur avec un succès aussi réel que regrettable. N'est-ce pas à ces doctrines que nous devons l'établissement de la République par une Assemblée nommée pour rétablir la monarchie? Toutefois, le manteau se souleva à l'occasion de l'admirable manifeste de Chambord; l'*Union de l'Ouest* crut devoir protester! Dès lors, mon devoir était tracé. Avec le généreux concours de mes collègues et d'autres royalistes très nombreux, je fondai l'*Étoile*, journal de l'Ouest, pour défendre le droit, ce magnifique programme de mon auguste maître, qui voulut nous donner ses encouragements et son approbation la plus explicite. Quelques mois après la naissance de cette nouvelle feuille et après une absence de deux jours, j'arrivais au bureau du rédacteur en chef, homme de beaucoup d'expérience politique, dont la fidélité à nos doctrines a toujours inspiré la plus absolue confiance aux souscripteurs de l'*Étoile*.

Dès que je fus entré, il me dit : « On parle beaucoup, dans les salons d'Angers, d'un billet adressé par le Roi au comte de Paris, repoussant, par un refus inexplicable, la demande que ce dernier lui adressait dans le but d'obtenir une entrevue. Ce billet, écrit à la troisième personne, hautain et dédaigneux, est généralement blâmé par ses amis eux-mêmes, qui le trouvent fort regrettable. M. de Falloux en colporte le texte; il en donne lecture avec les commentaires malveillants que vous devinez : son habileté en ce genre est assez connue. Avez-vous des renseignements à cet égard ? — Je n'en ai aucun, répondis-je, mais un message, discourtois dans la forme, destiné à repousser *absolument* toute tentative d'entrevue ou d'entente est impossible. Vous pouvez le démentir carrément. (Ce qui eut lieu.) — Cependant, M. de Falloux produit un texte. Comment supposer une pareille audace si ce billet n'existait pas? » Persuadé, alors, qu'en cette affaire il y avait ou méchant exposé des faits, ou altération du texte, ou suppression de mots de nature à fausser le sens ou le caractère du message, s'il existait, j'écrivis au comte Édouard de Monti de Rezé, mon chef immédiat, et j'en reçus la lettre suivante :

« Nantes, 7 février 1872.

« Mon cher Maquillé,

« Un long voyage à Paris, Versailles, Rennes

et Nantes m'a seul empêché de répondre plus tôt à votre lettre, que j'ai reçue très exactement. Puis je tenais à me procurer les pièces importantes dont je vais vous donner copie, en vous recommandant expressément de ne point vous en dessaisir, mais que cependant vous pouvez lire et faire lire à qui vous voudrez. Personne, mieux que moi, mon bien cher ami, ne peut vous raconter l'histoire vraie de ce qui s'est passé entre Monsieur le comte de Chambord et Monsieur le comte de Paris, au mois de juillet dernier : car tout cela a eu lieu en ma présence. J'affirme sur l'honneur ce que je vais vous dire, mon bon ami.

« Monsieur le comte de Chambord venait d'arriver à Paris, le dimanche 2 juillet, lorsque le marquis de la Ferté, qui était dans le secret du voyage, se présenta dans la maison où nous étions descendus, et apprit à Monseigneur que le comte de Lutteroth était venu à Versailles la veille ou la surveille.

« La conversation suivante avait eu lieu entre eux chez M. de la Ferté :

« Êtes-vous autorisé, Monsieur le marquis, « à faire parvenir à Monsieur le comte de Cham-

« bord une demande de Monsieur le comte de
« Paris ?

« — Oui, Monsieur le comte, et je m'en char-
« gerai avec le plus grand plaisir.

« — Eh bien ! voulez-vous, Monsieur le mar-
« quis, faire savoir à Monsieur le comte de
« Chambord que Monsieur le comte de Paris
« désire aller le voir, en France ou à l'étranger,
« où il voudra. »

« Vous remarquerez tout d'abord, mon bon
ami, que ni M. de Lutteroth ni Monsieur le
comte de Paris n'ont *rien écrit* dans cette solen-
nelle circonstance, que tout a été traité par eux
*verbalement*, avec une simplicité que Monseigneur a acceptée sans réserve, tant il désirait
(et tant il désire toujours), dans l'intérêt de la
France, la réconciliation de tous les membres
de la maison de Bourbon. Ce fut alors que, compromis depuis quelque temps par des conversations, par des paroles imprudentes et *non
autorisées* (sur la question du drapeau, question que, pendant quarante et une années d'exil,
il n'avait jamais tranchée, et qu'il comptait ré-
server encore), Monsieur le comte de Chambord
se décida à ouvrir tout son cœur à la France,

avant de recevoir Monsieur le comte de Paris. Ce fut alors que, par excès de discrétion, de loyauté, il pria son auguste cousin de différer de quelques jours sa visite, ne voulant pas le mettre dans une situation d'autant plus difficile que Monsieur le comte de Paris, grâce aux paroles imprudentes dont je viens de vous parler, devait croire *tranché* ce qui ne l'était point, et lui donnait un rendez-vous un peu plus tard à Bruges, du 8 au 16 (juillet). Puis, pour que sa pensée fût parfaitement expliquée à Monsieur le comte de Paris, et surtout pour que l'ignorance ou la mauvaise foi ne vînt pas un jour en dénaturer le sens ni les termes, il dicta à l'un de nous[1] la note suivante (ce qui se fait en diplomatie), et il nous ordonna de la cacheter du sceau de ses armes, pour bien constater qu'elle était la photographie morale du fond de son cœur. Ce pli, qui, je le répète, n'était point de l'écriture de Monseigneur, et qui portait pour suscription ces simples mots : « Note à

1. Autant que je puis me le rappeler, le comte de Monti me dit plus tard que le comte Stanislas de Blacas et un autre des officiers de Monseigneur assistaient à la visite du marquis de la Ferté. ( Vicomte de M. )

« communiquer à Monsieur le comte de Paris, »
fut remis le jour même, par le marquis de la
Ferté, à M. le comte de Lutteroth, qui pouvait
en prendre connaissance s'il le jugeait nécessaire ; seulement, on lui donnait la mission de
le communiquer sans retard à Monsieur le
comte de Paris, qui serait ainsi très exactement
édifié dans une circonstance aussi grave. Et
c'était là ce que la franchise et la droiture de
Monsieur le comte de Chambord désiraient
avant tout. Monseigneur était bien loin, je vous
assure, mon cher Maquillé, de se douter qu'un
moment arriverait où ses amis seraient obligés
de le défendre contre d'autres amis à l'occasion
d'une conduite si simple, si noble !

« Voici la note avec sa suscription : « Note à
« communiquer à Monsieur le comte de Pa-
« ris :

« Monsieur le comte de Chambord a été heu-
« reux d'entendre l'expression du désir que
« Monsieur le comte de Paris a manifesté
« d'être reçu par lui. Monsieur le comte de
« Chambord est en France. Le moment qu'il
« avait indiqué lui-même est donc venu de s'ex-
« pliquer sur certaines questions réservées. Il

« espère que rien dans son langage ne sera un
« obstacle à cette union de la maison de Bour-
« bon, qui a été toujours son vœu le plus cher.
« La loyauté veut néanmoins que les princes
« ses cousins soient prévenus, et Monsieur le
« comte de Chambord croit devoir demander à
« Monsieur le comte de Paris de différer sa
« visite jusqu'au jour très prochain où il aura
« fait connaître à la France sa pensée tout en-
« tière. Il eût désiré recevoir la visite de son
« cousin à Chambord ; mais il croit convenable
« de ne pas y prolonger son séjour en ce mo-
« ment. En quittant Chambord, il prendra la
« route de Bruges, où il demeurera du 8 au
« 16 juillet. »

« Le manifeste du 5 juillet parut. Le matin de
la journée du 6, avant la publication dans les
journaux du soir, Monsieur le comte de Paris
en reçut un exemplaire manuscrit, que, par déférence toute particulière, Monsieur le comte
de Chambord s'empressa de lui faire parvenir.
Le 7, nous étions de retour à Bruges, et, le 12,
Monsieur le comte de Chambord y reçut une
lettre du marquis de la Ferté, qui lui annonçait
que, le 10, M. le comte de Lutteroth s'était de

nouveau présenté chez lui et lui avait fait verbalement la communication suivante :

« Monsieur le comte de Paris est très recon-
« naissant envers Monsieur le comte de Cham-
« bord de lui avoir donné connaissance de ses
« résolutions. Il rend justice à la loyauté par-
« faite de ce procédé. Il pense que la visite qu'il
« serait toujours disposé à lui faire risquerait,
« dans les circonstances actuelles, d'amener
« des explications qu'il lui paraît préférable
« d'éviter. C'est le motif qui la lui fait ajourner. »

« Tel est, mon cher ami, l'exposé fidèle de ce
qui s'est passé sous mes yeux. Je suis convaincu
que M. le comte de Falloux, mieux informé
par vous et par vos amis, regrettera l'interprétation donnée par lui à des faits qu'il connaissait imparfaitement. Cette interprétation est
d'autant plus fâcheuse qu'elle est complètement
opposée aux loyales intentions de Monsieur le
comte de Chambord et à la vérité des faits.

« Adieu, mon cher Maquillé, je vous serre
tristement la main, et vous comprendrez à la
vigueur de mon étreinte combien je vous suis
attaché.

« Comte E. DE MONTI DE REZÉ. »

Remarquez la forme bienveillante de la lettre de M. de Monti, qui va jusqu'à supposer la bonne foi chez M. de Falloux « trompé » !!! Mais la présence de ce billet entre ses mains ne prouve-t-elle pas surabondamment qu'il n'ignorait aucune circonstance? La lecture fidèle du texte entier de Monsieur le comte de Chambord eût empêché le succès des commentaires de M. de Falloux. Ses communications à ses amis personnels ne réussirent que parce qu'il s'abstint avec soin de donner connaissance des dernières lignes de la note du comte de Chambord, lesquelles contiennent une invitation assez formelle au comte de Paris de venir le trouver à Bruges.

La lettre de M. de Monti nous parut une occasion à saisir pour demander à M. de Falloux une explication devant témoins. Obligé de partir pour Paris, où M. de Monti m'avait appelé, ce fut le vice-président du comité royaliste qui pria M. de Falloux de prendre avec lui deux de ses amis et de se rendre chez M. du Reau, un de nos collègues les plus dévoués, dont le salon servait alors de lieu de réunion au comité. M. de Falloux vint seul. S'attendait-il au résultat? Je le crois. Je n'étais pas présent; je ne puis donc donner ici que le résumé sommaire du compte rendu qui m'a été fait. Le vice-président du comité, ayant entre les mains la lettre du comte de Monti, voulut, avant toutes choses, demander à M. de Falloux de vouloir bien donner des explications sur certains billets dont il parlait souvent. Il prit la parole et la garda plus d'une heure sans être interrompu. En fin de compte, il fut contraint de produire le texte que l'on exigeait et de communiquer le dernier paragraphe supprimé par lui dans ses communications antérieures. Son éloquence incontestable, les ressources de son esprit et sa souplesse furent impuissantes en présence de la réalité et de la lettre si claire de M. de Monti.

Sa loyauté reçut une mortelle blessure, qui lui valut l'expression sévère d'une réprobation méritée et l'obligation d'entendre les paroles les plus dures.

Nous avons perdu l'un des témoins de cette enquête, M. de Danne, mais les autres existent. J'en appelle avec assurance à leur parole.

20.

Veuillez agréer, Monsieur, l'expression **bien** sincère de ma profonde estime et de tous mes sentiments les plus distingués.

Vicomte DE MAQUILLÉ.

Cet appel de M. le vicomte de Maquillé au témoignage de ses anciens collègues : MM. J. du Reau, comte d'Andigné, comte Charles de Quatrebarbes, M. de la Martinière, F. Cassin de la Loge, a été entendu, et tous ont certifié l'exactitude de son récit par une déclaration collective et complémentaire dont M. le comte d'Andigné a été chargé de nous donner communication, pour qu'elle fût publiée. La voici :

Ce fut bien peu de temps après la fondation du journal *l'Étoile*, à laquelle M. le vicomte de Maquillé contribua avec un dévouement au-dessus de tout éloge, très peu de temps aussi après le manifeste de Chambord, que nous fûmes informés du récit qui courait sur les pourparlers qui auraient dû amener ce qu'on s'est attaché depuis à appeler la *fusion*, récit où l'on mettait tous les torts du côté du Roi.

M. de Falloux était le premier à colporter ce récit ; il l'avait même fait à l'un de nous, à la très grande stupéfaction de son auditeur.

A **une** ouverture de M. le comte de Paris, transmise par M. de Lutteroth, et par laquelle il demandait au Roi de vouloir bien lui accorder une entrevue à son passage à Paris ou en tout autre lieu, *M. le comte de Chambord aurait répondu par un billet à la troisième personne, et par un refus dédaigneux; ce n'était pas en agissant de la sorte et avec un pareil manque d'égards que l'on pouvait arriver à rien de sérieux, et c'était en somme la faute de Monseigneur si la fusion n'était pas faite.*

Tel était le sens des paroles de M. de Falloux, que nous nous efforçons de reproduire sans aucun de ses commentaires malveillants. Ce thème, M. de Falloux nous l'a répété, sur notre demande, et très au long, dans une entrevue qui eut lieu chez M. du Reau, l'un des nôtres, et à laquelle assistaient tous ceux au nom desquels cette lettre est signée : car nous avions dû le prier de nous donner quelques explications. Nous avions entre les mains la lettre de M. le comte de Monti, citée par M. le vicomte de Maquillé. M. Charles de Quatrebarbes en donna lecture et nous fîmes remarquer à M. de Falloux qu'après tout la note de Monseigneur, à la troisième personne, n'avait été écrite que pour la transmission plus précise de sa réponse; qu'elle n'avait rien que de très naturel, comme suite à la communication verbale faite de la part de Monsieur le comte de Paris, et que ce dernier l'avait bien compris ainsi, puisqu'il y avait répondu de la façon la plus courtoise, mais toujours verbalement; nous ajoutâmes que, dans les récits qu'il en avait faits, il paraissait avoir oublié de lire le dernier alinéa de la lettre de Monseigneur, qui exprimait à son cousin le désir de le recevoir le plus tôt possible à Bruges, où il comptait s'arrêter du 8 au 16 juillet.

Il n'était pas admissible de conclure après avoir lu ce dernier alinéa, que Monsieur le comte de Chambord eût refusé de recevoir M. le comte de Paris, ainsi que M. de Falloux le déduisait de la première partie de la note.

Ce n'était donc que par un excès de délicatesse, qui n'étonnera personne, que Monseigneur, qui n'avait pas à prendre l'avis de M. le comte de Paris, ne voulut le recevoir qu'après le manifeste, qu'il devait dater de Chambord le 5 juillet, car il ne pouvait admettre qu'on pût l'accuser d'avoir voulu surprendre la confiance de son cousin ; mais il acceptait avec empressement une visite de lui à Bruges, du 8 au 16 juillet. M. le comte de Paris, au contraire, ne jugea pas devoir accepter le rendez-vous de Monseigneur au lendemain du manifeste. Telle est la conclusion toute simple à tirer de cet écrit : il fallait un parti pris de dénigrer les actes et les paroles du Roi pour l'interpréter autrement.

M. de Falloux comprit si bien le démenti absolu que, sous une forme très amicale pourtant, lui infligeait M. le comte de Monti, qu'il en fut très visiblement décontenancé. Il se remit vite d'ailleurs, et, après une conversation assez longue encore, et qui sortirait de ce sujet, il termina ainsi : « Vous me dites que ce cher Monti passera demain par Angers, je vais lui écrire. »

Voilà la vérité sur cet entretien : il était de notre devoir de la dire tout entière, quoi qu'il nous en ait coûté. M. de Falloux fut plus ou moins l'ami de nos pères et le nôtre, longtemps nous avons été éblouis par le charme incomparable de son langage ; tous nous avons applaudi à sa belle et courageuse conduite en 48, et **nous** sommes loin d'avoir oublié les services qu'il a pu rendre alors à notre pays. Sa nouvelle attitude et celle de son journal, *l'Union de l'Ouest,* nous obligèrent de nous grouper autour du vicomte de Maquillé pour fonder l'*Etoile.* Peu après, Monseigneur nous ayant fait l'insigne honneur de nous désigner pour former le bureau du comité légitimiste de Maine-et-Loire, nous fûmes appelé à Anvers. Le comte de Monti avait donné connaissance à Monseigneur de la lettre de M. de Falloux, lettre dans laquelle ce dernier, loin de regretter l'interprétation qu'il avait donnée à la note objet du débat, affectait de remercier M. de Monti d'avoir, par la clarté de sa communication, rétabli la vérité sur ce qu'il avait avancé. Le Roi chargea le comte Charles de Quatrebarbes de dire de sa part au comte de Falloux *que c'était avec autant d'indignation que de regrets qu'il le voyait persévérer dans une interprétation d'autant plus fâcheuse, qu'elle était complètement opposée à ses loyales intentions et à la vérité des faits.*

Faut-il voir dans ce démenti, si cruel pour son orgueil, la cause de l'attitude hostile et à la fois fausse de M. de Falloux dans cette dernière partie de sa vie, où il éprouvait une jouissance qui n'était pas sans saveur à se dire royaliste en pleine disgrâce du Roi ?

Veuillez, Monsieur le directeur, recevoir l'expression de ma considération la plus distinguée.

Au nom des membres du comité présents à cette entrevue,

Comte D'ANDIGNÉ.

Angers, le 2 février 1888.


## X

Quelques semaines avant que M. de Falloux eût été invité à comparaître devant les membres du comité royaliste de Maine-et-Loire, un échange de lettres sur cette question de la note royale avait eu lieu entre lui et l'un des membres de ce comité[1]. Ce dernier doutait que la note existât et, dans tous les cas, n'admettait pas qu'elle fût telle que le disait M. de Falloux. J'ai reçu il a plusieurs années, et de mains différentes, deux copies de cette correspondance, dont, à sa date, on s'occupa beaucoup dans

1. Je ne donne pas le nom, parce que j'ai négligé d'en demander l'autorisation, mais l'authenticité de la pièce ne sera pas contestée.

les cercles royalistes de l'Ouest. Par la première lettre, M. de Falloux réclamait contre l'*Etoile*, qui l'accusait, sans le nommer, d'avoir inventé la fameuse note. Il lui était répondu que si la note existait, comme il l'affirmait, elle avait eu sa raison d'être, et qu'il n'appartenait pas à de vrais légitimistes de blâmer le Roi.

Voici la réplique de M. de Falloux :

11 janvier 1872.

MON CHER COMTE,

Le Roi a ses droits que personne, soyez-en sûr, ne respecte plus que moi ; mais la vérité et la loyauté ont aussi les leurs, que vous ne me conseillerez certainement pas de méconnaître.

J'évite, autant que je puis, et mon genre de vie habituelle me rend cela bien facile, toute conversation sur le manifeste du 5 juillet. Mais quand on me demande : Pourquoi le comte de Paris n'est-il pas parti pour Bruges, le jour où il l'avait promis ? puis-je répondre autre chose que la vérité ?

Quand on me dit, ce qui m'a été répété encore tout dernièrement, par vos amis : Qu'a produit d'efficace la ligne de M. Berryer? puis-je ne pas répondre : Elle avait produit, dès 1850, la fusion acceptée par tous les hommes politiques de cette époque, et c'est une erreur persévérante du jugement de M. le comte de Chambord, accordant les bons procédés de famille et refusant les entretiens politiques, qui a rendu tout inutile.

S'il n'est pas permis de dire respectueusement au Roi, ou du Roi, qu'il a pu se tromper dans tels ou tels actes de sa politique, il faut déchirer toute l'histoire de France, et déclarer révolutionnaires les Champs de Mai, les États généraux et les Parlements.

Quant au billet de M. le comte de Chambord, son authenticité est absolument incontestable, et il me semble que nier un acte du Roi est lui faire une plus grande injure, que de le constater simplement avec un humble regret [1].

Je ne sais si l'*Étoile* persévérera dans la campagne qu'elle a commencée hier sur ce terrain, votre lettre ne me tirant point de doute à ce sujet; je dois seulement vous faire observer que si elle me condamnait à une polémique

---

1. C'est l'équivoque, Le billet existait, mais non tel que M. de Falloux l'avait présenté et lu.

publique, ce serait elle, et non pas moi, qui aurait toute la responsabilité d'un aussi fâcheux débat.

Enfin, mon cher comte, permettez-moi de vous dire, avec la plus sincère cordialité, que c'est votre préoccupation trop exclusive qui aperçoit des adversaires là où il n'y a que des amis. Nous avons deux manières différentes de servir la même cause, mais nous voulons la servir tous les deux; vous ne croyez qu'à l'obéissance passive et à l'apologie sans réserve, je crois à la nécessité, comme à la dignité de la résistance, quand on croit que les fautes sont de la nature du prince de Polignac ou de son école. Les deux voies différentes ont été suivies de siècle en siècle, comme de nos jours, les résultats sont là pour en témoigner, et j'en appelle à eux près de vous et de vos amis.

Votre très affectueusement dévoué,

FALLOUX.

*P.-S.* — Je m'en repose sur vous pour mettre cette seconde lettre, comme la première, sous les yeux de X., dont je regrette l'absence, et sous les yeux de vos amis.

Voici la réponse que reçut M. de Falloux :

14 janvier 1872.

Monsieur le comte,

Votre lettre du 11 ne m'est arrivée que vendredi soir. Hier, j'ai été forcé de m'absenter toute la journée ; il m'a donc été impossible de vous répondre plus tôt.

Selon votre désir, j'ai communiqué votre lettre à X..., et je la mettrai sous les yeux de nos amis ; sans les voir, je puis vous dire qu'ils approuvent en tout le manifeste de Chambord ; l'*Étoile* le défendra toujours en évitant, autant que possible, toute personnalité blessante.

Vous savez mieux que moi, Monsieur le comte, que si les députés aux États généraux étaient restés fidèles à leurs mandats, et ne s'étaient, au mépris de l'autorité royale, érigés en Assemblée constituante, la France ne serait pas dans l'état déplorable où elle est aujourd'hui.

Malheureusement, Monsieur le comte, je ne puis avoir ni la prétention ni l'espérance de vous amener à ce que je crois être la vérité politique.

Vous m'avez dit un jour que vous comptiez

sur toutes vos erreurs pour vous faire ouvrir la porte du ciel, tellement pure avait toujours été votre intention.

Veuillez croire que la mienne ne le cède pas en droiture à la vôtre ; mais je vous avoue que mon intelligence se refuse à comprendre l'utilité qui peut résulter pour la monarchie et la France de faire sans cesse ressortir les prétendues fautes du Roi, d'attaquer son jugement, sa personne, et de rejeter sur lui toute la responsabilité de la conduite des princes d'Orléans.

Pouvez-vous, Monsieur le comte, trouver cette conduite droite et loyale ?

Le petit-neveu de Louis XVI, le fils de Madame, a-t-il des conditions à recevoir des petits-fils de Philippe-Égalité, des fils de Louis-Philippe ? Le généreux pardon du Roi ne devrait-il pas leur suffire ? Est-ce en restant révolutionnaires, tout en réservant leurs droits de princes du sang, qu'ils sauveront la France ?

Merci, Monsieur le comte, de la cordialité avec laquelle vous voudriez ouvrir mes yeux à la lumière ; la vérité est une ; dire respectueusément au Roi sa pensée est un devoir, médire de lui est tout autre chose.

Je ne puis me persuader que lorsque, de l'exil il s'est prononcé et a tracé la route, la meilleure manière de rétablir l'autorité en France, c'est de l'attaquer et de lui lier les mains avant qu'il ne tienne les rênes du gouvernement.

Agréez, etc.

## XI

Un vénérable ecclésiastique de l'Ouest nous a adressé les renseignements suivants sur l'action que M. de Falloux exerça autour de lui pendant le Concile :

Dans ce pays du Craonnais, il avait pendant le Concile monté la tête à une foule de pauvres gens, à un tel point qu'on pouvait craindre une révolte formelle. J'allai prêcher dans une paroisse la première communion des enfants. Un grand ami de Falloux, mon ancien camarade de collège, vint me chercher à la gare voisine. « N'allez pas nous prêcher le Pape, dit-il aussitôt. Je vous connais, vous êtes de l'*Univers* ; je vous jure que si vous nous dites un mot du Pape dans vos sermons, je prends la parole et je vous arrête. » Je le calmai un peu en lui promettant de prêcher Notre-Seigneur Jésus-Christ et non point son Vicaire, puisqu'il s'agissait de la première communion des enfants.

Ce disciple de M. de Falloux ne fut pas seul à montrer alors de tels sentiments. Il y a beaucoup à dire — et il faudra que ce soit dit — sur la fâcheuse action qu'exercèrent en France pendant le Concile les adversaires de la définition de l'Infaillibilité.

# TABLE DES MATIÈRES



FIN

IMPRIMERIE D. DUMOULIN ET C<sup>ie</sup>,

Rue des Grands-Augustins, 5, à Paris.